日銀ETF問題

《最大株主化》の実態とその出口戦略

平山賢一 著

中央経済社

はじめに

日本銀行が、世界最大の日本株投資家になった。

2010年12月から始まった指数連動型上場投資信託（ETF）購入は、10年の歳月を経て日本銀行が保有する株式を累増させ、それまで最大投資家を誇っていた年金積立金管理運用独立行政法人（GPIF）を上回ることになったのだ。金融政策の一環であるETF購入が始まった当初に、日本銀行が最大の日本株投資家になるなどと誰が予想しただろうか。

本書は、肥大化の行き過ぎを許してしまった日本銀行による株式（ETF）保有の出口戦略を考えるために、政府と金融市場の関係を明らかにした上で、政府が株式を大量に保有した日本経済史の2つの事例を繙《ひもと》くものである。興味深いことに、1940年代と1960年代には、株価維持機関が株式を大量に購入し、その後売却しているが、現代に共通する点（株価と株式保有構成への影響）と相違する点（経済成長期待と国際資金移動）が浮かび上がってくる。この事例から、本書では、①大量保有株式の短期間での売却は不可能、②長期保有を前提とすれば「ETFの交換」等により公的年金と同水準の議決権行使への関与が必要、③長期成長基金等として保有株式の配当金を研究開発資金等に活用することについて提案するものである。

日本銀行が、最大投資家になっただけでなく、同時に日本企業の最大株主であるという意味は非常に大きい。わが国の企業経営にとっても、何らかの影響力が及んでもおかしくないからだ。第二次世界大戦後、資本主義社会では、政府および中央銀行が、民間企業の経営に関与するのは適切ではないとされてきた。そのため、世界中の先進国では、香港を除くと中央銀行が株式市場に関与することはなかった。2012年にも、当時日本銀行総裁であった白川方明氏は、ETFの購入を「異例の金融政策」と表現しているほどだ。それにもかかわらず、10年間の長きにわたり、ETF購入が続けられてきたのはなぜか。果たして、**日本銀行によるETF購入とは何なのか？** ETF購入が積極化してから、おおむね日本株式は堅調に推移してきたが、この株式市場は**官製相場**になってしまったという声も聞こえてくる。それは本当なのだろうか。メディアで断片的に取り上げられてきたテーマに、本書では答えていきたい。

2020年には、新型感染症拡大の影響から雇用情勢が悪化しているにもかかわらず、日本銀行によるETF購入も手伝って株価指数が高値を更新している。そのため、株式保有者と非保有者との格差が拡大しているが、ますます拡がる「持てるもの」と「持たざるもの」の違いに対して、けしからんという論調も大きくなっている。緊急対策として一時的に関与するのならともかく、**政府および日本銀行が株式市場に介入し続ける必要があるのだろうか？**

また、そもそも中央銀行は、長い歴史の中で長期にわたり、主に金利水準の操作を手段として、金融の安定を図ってきており、ダイレクトに株式市場に関与してきたわけではない。その日本銀行が株式市場での操作を実施することは本当に可能なのか。十分な経験があるとは言えない領域に踏み出したとは言え、適切な情報を収集し、戦略的な対応を図らねばならないのが、日本銀行に託された使命だ。それでは、歴史的に、日本銀行に加えて政府は、株式市場にどのように接してきたのか。果たして**株価の操作は可能なのか？**

そして、積み上げた株式を、日本銀行はどのように処理していくのかについての議論は、少なくとも表面的には「出口戦略を論ずるのは時期尚早」とされて封印されている。しかし、満期償還があるため時間の経過とともに減少していく国債とは異なり、日本銀行がＥＴＦを通して保有する株式は、企業が倒産するもしくは非上場化することなしには、永久に存続する。積み上げた株式は、売却もしくは保有持続という判断をする時期がいずれは到来するはず。そのため、株式市場にショックを与えずに政策のソフトランディングを達成するための方策が議論される必要があろう。つまり、「**ＥＴＦ購入は今後どうなるのか？**」という疑問に、いつまでもアンタッチャブルの姿勢を貫くべきではないだろう。

以上のような疑問をもつのは当たり前であるにもかかわらず、あまり真正面から議論される機会が少なかったのも、また事実である。専門家である金融市場参加者や金融機関にしてみれば、株価の上昇に寄与する政策は歓迎こそすれ、売却を意味する出口戦略を議論することは利益にならないため、あまり大きな声で論じられることもない。本来、客観的な見解を発するはずの研究者も、一部を除くと発信力が弱いという誹《そし》りを免れることはできないだろう。そこで、本書では、あえて日本銀行が各種の施策の点検を始めたこの時期に[1]、日本銀行とＥＴＦについて、日本政府の株式市場介入史を繙きながら、４つの疑問について整理したいと考え、筆をとった次第である。

ところで本書は、筆者の30年超にわたるファンドマネジャーおよびアセットマネジメント会社の最高投資責任者（ＣＩＯ）として金融市場に接してきた経験から抱く日本銀行によるＥＴＦ購入への違和感と、日本金融史の研究家として抱く納得感と不安感を記すものである。市場参加者としては、市場が多数の参加者による自由な売買により効率的に価格決定されていく機能を大切にしたいのは言うまでもない。そのため、政府による介入については、生理的な嫌悪感を抱かざるを得ないのが本音である。一方で、金融史をつぶさに観察するならば、歴史の節々で、政府は金融市場に介入してきた事実が確認できる。そのため、現在実施されている日本銀行による株式市場介入についても、歴史のリフレイン（振り子の視点）として、納得感をもって受けとめうる。だが、同じ金融史研究家として、「これまで」と「いま」、そして「これから」の共通点と相違点を考えると、日本銀行によるＥＴＦ購

(1) 本書執筆（２０２１年１月）後の２０２１年３月の金融政策決定会合を目途に、従来の金融政策の枠組みである「長短金利操作付き量的・質的金融緩和」の下で、各種の施策の点検の結果が公表される。２０２０年12月17、18日開催の「金融政策決定会合における主な意見（２０２０年12月28日発表）」では、ＥＴＦに関する施策について、当面の積極的な買入維持と、市場状況に応じた柔軟な調整の余地を探り、柔軟な運営により持続性を高める方針が示唆されている。

なお、２０２１年１月25日に日本銀行は、株式等の資産を購入する「包括緩和」を決定した際の政策委員会・金融政策決定会合の議事録（２０１０年10月４、５日開催）を公開した。日本銀行のリスク性資産購入をきっかけに、資金循環が円滑になることを期待する「呼び水」という表現が15か所も使われているが、それが一時的なものなのか、恒常的なものなのかについては議論の一致をみていない。同じく、限られた時間とは言え日本銀行の財務健全性に対する議論も十分であったとは言えない。さらに、議論の経過を追っていくと、株式市場の精緻な情報分析がされないまま、リスク性資産購入という戦略ありきの決定がなされており、資産購入の迷走の淵源を垣間見ることができる。白川方明日本銀行総裁は、「（緩和）効果としてどれだけ大きいのか、これはやってみないと勿論分からないが、しかしそういう世界に入ってきているということである」とした上で「それを全部ひっくるめて財政政策の領域に入ってくる」と苦渋の発言をしており、まさに旧日本銀行法下の戦時金融体制の空気を感じざるを得ない。

入については不安感を払拭することはできなくなるのも、また事実である。そこで、アンビバレントな（二律背反する）感覚を抱きつつ、その率直な見方を読者に問いかけてみたい。

本書は、４つの章に割り振った**4つの疑問**に、それぞれ答える構成になっている。

第１章では、「日本銀行によるＥＴＦ購入とは何か？」について、基本的な事項について確認し、わが国の株式市場動向に影響を与えてきた点について明らかにしている。日本銀行によるＥＴＦ購入の経緯・内容・影響についての現状を整理し、日本銀行が世界最大の日本株投資家になっている点を再確認している。

第２章では、「政府の市場介入は必要か？」という疑問について、政治経済の歴史的パターンを通して考えている。人口増加率と経済成長率の観点から、20世紀半ばの高成長を前提とした政策運営が難しくなっている点や、国家と市場の関係を「振り子」の視点から、わかりやすく示した。20世紀を通してみえてくるのは、金融市場や経済情勢が不安定化する時期には、政府は市場介入を実施して、さらなる悪化を回避してきた事実である。その点で介入が強化される時期は、循環的に到来するものの、介入後には大きな経済システムの転換を余儀なくされてきたことも強調している。

第３章では、「政府による株価操作は可能か？」という点について、わが国の１９４０年代と１９６０年代の事例を確認している。わが国の歴史を繙くと、金融機関からの保有株式買入から連なるＥＴＦ購入に至る政府・日本銀行による市場介入は、生保証券から連なる１９４０年代の戦時金融金庫・日本証券取引所による株価統制、１９６０年代の証券不況期に設立された日本共同証券・日本証券保有組合による株式保有に続く3回目の大規模なものである。これらの株価操作は、それなりの成果を発揮したものの、介入後の凍結株等の放出には工夫を要した点を明らかにしている。株式市場に政府が介入し始める入口よりも、政府が市場から退出する出口戦略の難しさは、その後の株式保有構成に大きな影響を与えてきただけに注意が必要である。この時期の経済環境と、現在の状況が大きく異なっているため、保有株式の放出の難易度は高いことが理解できよう。

第4章では、「日本銀行によるETF購入はどうなるのか?」という点について、第2章および第3章での歴史的整理から、将来についての課題と提案を記している。**政府による株式市場介入は、①開始および保有額拡大期に相当する入口への対応、②保有株式の維持政策、そして③保有株式の縮小にかかわる出口戦略の3つの時期に応じた課題が存在している。**現在は、①拡大期から、②維持期に移行する端境期であり、状況に応じた柔軟な調整の余地を探り、柔軟な運営により持続性を高める必要があると言えよう。そのために必要な②における課題として、世界最大の日本株投資家である日本銀行が、企業経営に対する規律づけをどのように保つのかというコーポレート・ガバナンスの課題と、保有株式の維持のための効率的運営をいかにして行うべきか（いかに低い運用管理コストで運営を続けるか）という2つの課題を挙げている。この点に関して、株式保有手段（枠組み・投資ビークル）の選択も含めて議論したい。保有に至った巨額の株式をどのように運営していけばよいのかという「保有株式の維持」に関する2つの課題と同時に、③における出口戦略として、株式市場に非連続的な衝撃を発生させないための対応策についても、現在抱える課題の解消を図る対応策を提案し、さらに「**長期成長基金**」構想を頭の体操として示唆している。

金融市場に直接かかわる市場関係者に加え、政府の政策立案者や企業の財務担当者にとっても、20世紀の「国家と市場」の関係について歴史的に確認できるだけでなく、今後の株式市場に関心のある多くの人々にとっても、頭の整理に役立つものと考えている。個別の詳細なテーマについては、引用や参考文献を参照していただければ幸いである。

なお、本書の内容、意見はすべて筆者個人に属し、必ずしも筆者の所属する組織の見解を示すものではない。また、著者および出版社は、本書内の見解の正確性を保証するものではなく、本書の内容の使用等により、直接的・間接的に生じる結果に対して、著者と出版社は一切の責任を負わないものとする。

2021年1月

平山賢一

目次

第3章　市場介入の日本史

第 I 章

長期化する市場介入

日本銀行のETF購入とは何か？

1　最大株主となった日本銀行(1)

日本銀行の株式保有姿勢

日本銀行が株式等を保有したのは近年に限った話ではない。日本銀行の会計帳簿にあたる総勘定元帳を確認すると、１９４５年に「株式及出資證券」という名称（勘定名）が存在している。１９４５年５月18日に19・５５百万円、同７月６日に20百万円が（借方）計上されており、終戦後の同10月１日まで合計39・５５百万円の株式等を日本銀行が保有していたのである。(2)保有経緯や銘柄は不明だが、１９４２年の日本銀行法（旧日本銀行法）制定により、直接株式、社債等を担保とする貸出ができるようになった。(3)このことからすると、貸出先の債務不履行に伴い担保を資産計上した可能性も考えられるが、いずれにしても現在のように株式市場から購入したものではないはずだ。

注目すべきは、戦時期の経済混乱の中で、日本銀行が株式等の資産を計上せざるを得なくなったと

(1) 日本銀行「第１３６回事業年度（令和2年度）上半期財務諸表等について」によると、２０２０年9月末時点で、信託財産指数連動型上場投資信託（ＥＴＦ）に信託財産株式を加えると時価ベースで42兆円を上回っている。そのためＧＰＩＦの41・５兆円を上回り、日本銀行が世界最大の日本株投資家となった。

(2) 総勘定元帳・甲號帳頁32、日本銀行金融研究所アーカイブ（２１６５８、旧番号12本－３２９）。

(3) 日本銀行百年史編纂委員会編（１９８３）第2巻４６８頁によれば、旧日本銀行法（１９４２年2月24日公布、法律第67号）では、第二十条第二号「手形、国債其ノ他ノ有価証券、地金銀又ハ商品ヲ担保トスル貸付」が正式に定められたため、株式担保貸出が可能になった。

いう事実であろう。世の中に資金を回すために、遮二無二の政策が採用され、社会の安定化を図ろうとしたのであろう。このような対応は、近年の日本銀行にも同じことが言え、社会や金融市場の不安定化に対する政府の関与が拡大している状況は、第二次世界大戦時の日本銀行と重なってみえてくる。

１９９７年に改正された日本銀行法では、日本銀行の目的を、「我が国の中央銀行として、銀行券を発行するとともに、通貨及び金融の調節を行うこと」および「銀行その他の金融機関の間で行われる資金決済の円滑の確保を図り、もって信用秩序の維持に資すること」としている。この目的の「通貨及び金融の調節」および「信用秩序の維持」に着目して、この範囲を拡張すれば、株式等を含む有価証券の購入も含まれてくるのだろう。戦時期の混乱の最中でさえ、日本銀行の株式等保有は、わずか40百万円程度に過ぎなかったものの、現在は40兆円超にまで膨らんでしまっている。後述するが、ETFだけでも簿価ベースで35兆円（２０２０年11月末現在）を上回っているのである（２０２０年9月末現在・時価ベースで40・５兆円）。日本銀行資産に対する割合も１９４５年が０・１%程度であったものが、２０２０年には5%程度（時価ベースでは7%程度）になっているため、戦時の70倍の規模の株式等の保有になっているというのは驚きというほかない。

２０１０年の白川方明総裁時代に「異例の措置」[4]として始まった日本銀行のETF購入も、２０１３年に黒田東彦氏が総裁に就任すると、相次ぎ購入額が拡大され（２０２０年3月には年12兆円を上限に購入可能になったが、２０２１年3月には各種の施策の点検を実施）、日本銀行がETFを購入するのは、「当たり前の政策」と捉えられるようになった感がある。株式等は、その値動きの大きさから**リスク性資産**と言われる。そのため、一般の金融機関においては、健全性を維持する観点から、大量の株式を保有しないように、一定程度の歯止めがかけられているのが現状である。それに対して、日本銀行の場合には、戦時とは比較にならないほどのリスク性資産を保有することで、市場の安定を図ろうとしている。いわば、壮大な実験を実社会で行っていると言ってもよいだろう。

経済政策は、自然科学のように研究室で実験して、試すことができない。「実際に試してみよう」という具合に、容易に試験を繰り返せないだけに厄介だ。実験即実践なのである。そのため、実際の政策決定・実施にあたっては、手遅れにならないように、その結果に対して謙虚に反省しなければならないのは言うまでもない。一方で、躊躇しながら、軸足が定まらずに政策を進めたのでは、その効果も薄まってしまうだろう。そのため一度決めたならば、ぶれずに初志貫徹する大胆さが求められる。このことを経済社会学者のケネス・ボールディングは、「**われわれは、間違っているかもしれないと疑ってみる謙虚さが必要である。それが欠けた場合には、われわれは学ぶことができなくなるからである。そして、われわれの現在の理解に確信をもつためには、大胆さが要求される。もしこれに欠けると、われわれは行動を起こすことができないからである**」と記している。(5) 大切なのは、「謙虚さと

（4）白川方明日本銀行総裁は、きさらぎ会での講演「物価安定のもとでの持続的成長に向けて」（２０１２年11月12日）にて、日本銀行は資産買入等の基金を通じて長期・短期の国債のほか、中央銀行としては異例だが、ＣＰ、社債、指数連動型上場投資信託（ＥＴＦ）、不動産投資信託（Ｊ - ＲＥＩＴ）といったリスク性資産を含めて、金融資産を幅広く買い入れている旨を表明している。ゼロ金利制約から金利政策が行き詰まり、非伝統的政策は拡張されていったのである。白川（２０１８）３８６頁には、「このような金融政策を行う際には、有効性の評価と同時に、民主主義社会の中にこれをどのように位置づけるべきか」との呻吟《しんぎん》の声が示されている。

（5）Boulding（1970）横田洋三訳、46頁。

大胆さのバランス」と言えよう。

一度決めたことを進める大胆さは必要であるが、大胆さは頑固さとは異なる。あくまでも日本銀行によるETF購入が壮大なる実験だとするならば、的確なPDCAが必要だ。現在の企業経営管理では、頻出する最低限度の作法である。言うまでもなくPDCAは、Plan（計画）→Do（実行）→Check（評価）→Act（改善）の4ステップを繰り返すことによって、継続的に業務執行の工程を改善していく作業のことである。金融政策にあっても、異例の措置として始まった政策について、このPDCAによる改善作業は常に行われなければならない。一方、日本銀行の記者会見で繰り返される「（その指摘は）**まったくあたらない**」との言葉は、謙虚にPDCAする姿勢を封印しているかのような印象を、市場参加者のみならず広く国民一般に与えずにはおかない。人間は誰しも、常に正しい判断と行動ができるとは限らないはずだ。政策にも失敗はつきものであるからこそ、謙虚に失敗に学ぶ姿勢が求められている。本書では、第2章以下で政府が関与した株価維持機関がいかにして市場介入したのかを整理している。歴史に学ぶことで、現在の政策についても謙虚な姿勢で改善していく必要があるだろう。

それでは、このように注目されるETFは、そもそもどのような金融商品なのだろうか。まずは、ETFとは何かについて整理しておこう。

ETF（上場投資信託）とは何か？

新聞を開くと、数字がびっしりと羅列されている面に出くわす。株式市況欄である。その中の「東京第1部」「東京第2部」などに区分されたところに、東京証券取引所で取引された各企業の株価が記載されているが、「上場投資信託（ETF）」という枠が存在しているのに気がつくだろう。ETFはエクスチェンジ・トレーデッド・ファンド（Exchange Traded Fund）の頭文字をとって省略した名称であり、証券取引所に上場し、株価指数などに代表される指標への連動を目指す投資信託のことである。

日本銀行が保有するETFは、ここに記載される取引所に上場され取引されている投資信託のことを指す。具体的には、新聞紙面に「○○東証指数」「△△東証指数」といった銘柄が並んでいる。このケースでは、最初に、その投資信託を設定して運用する管理会社（○○もしくは△△アセットマネジメント会社）名が記載され、そのあとに連動する指数の名前が記載されている。同じ指数に連動するETFであっても、複数のアセットマネジメント会社により管理されているため、個別銘柄としてのETFを選ぶ必要がある。同じ指数に連動するETFであれば、運用成果の違いはそれほど大きくないが、ETFを購入する（投資する）投資家にとっては、保有にかかる運用管理コスト（信託報酬等）には差があるため注意が必要だ。長期間にわたりETFを保有するのであれば、1日当たりの運用管理コストに大きな差はないが、積もりに積もり大きな格差になるのは言うまでもない。また、通常の投資信託は、特定の基準価額（1口当たりの純資産額）で、特定の取扱証券会社や銀行を介して購入するのに対して、上場投資信託（ETF）は、リアルタイムで変動する市場価格で、全銘柄全国の証券会社で購入可能という違いがある。

日本銀行が購入しているETFは、状況変化に応じて選ばれた個別銘柄に集中投資して随時入れ替えていくタイプ（このような運用手法をアクティブ運用という）ではない。日本銀行は、一定の基準に基づき多数の個別銘柄をパッケージした株価指数に連動するタイプのＥＴＦ（このような運用手法をパッシブ運用という）に投資している。「指数連動型上場投資信託受益権等買入等基本要領」（２０２０年4月27日改正）によれば、東証株価指数（ＴＯＰＩＸ）、日経平均株価[6]またはＪＰＸ日経インデックス４００に連動するよう運用されるものであることとしている。このほかに「設備投資および人材投資に積極的に取り組んでいる企業を支援するための指数連動型上場投資信託受益権買入等に関する特則」（２０１７年1月31日改正）を定め、「設備・人材投資に積極的に取り組んでいる企業」の株式を対象とするＥＴＦを買い入れているが、銘柄ごとに、原則として時価総額の２分の１の範囲内で買入を行うという制限があるため、この条件を超えた分はＪＰＸ日経インデックス４００連動ＥＴＦにより代替されている。日本銀行は、なぜ株価指数連動型のＥＴＦを中心に購入しているのだろうか。産業組織論の観点からは、より政策効果が高く経済成長に貢献する産業の株式を購入した方がよいかもしれない。しかし、あくまでも金融政策の一環であり、産業育成などは財政政策の範疇であるため、あえてその選択を避けているのである。当然、ゾンビ産業温存につながるという批判も出てくることは否めないだろう。

ところで、ＥＴＦは、それを組成する投資信託の委託者であるアセットマネジメント会社が募集を行い、募集に応じた者に対してＥＴＦを発行する仕組みになっている。これは、投資信託の設定当初

(6) 日経平均株価は日本経済新聞社の著作物である。ＪＰＸ日経インデックス４００は東京証券取引所および日本経済新聞社の著作物である。本書におけるデータ等は日本経済新聞社の指数公式サイト「日経平均プロフィル」(https://indexes.nikkei.co.jp/)を参照している。

図1　日本銀行によるETF保有（時価ベース）

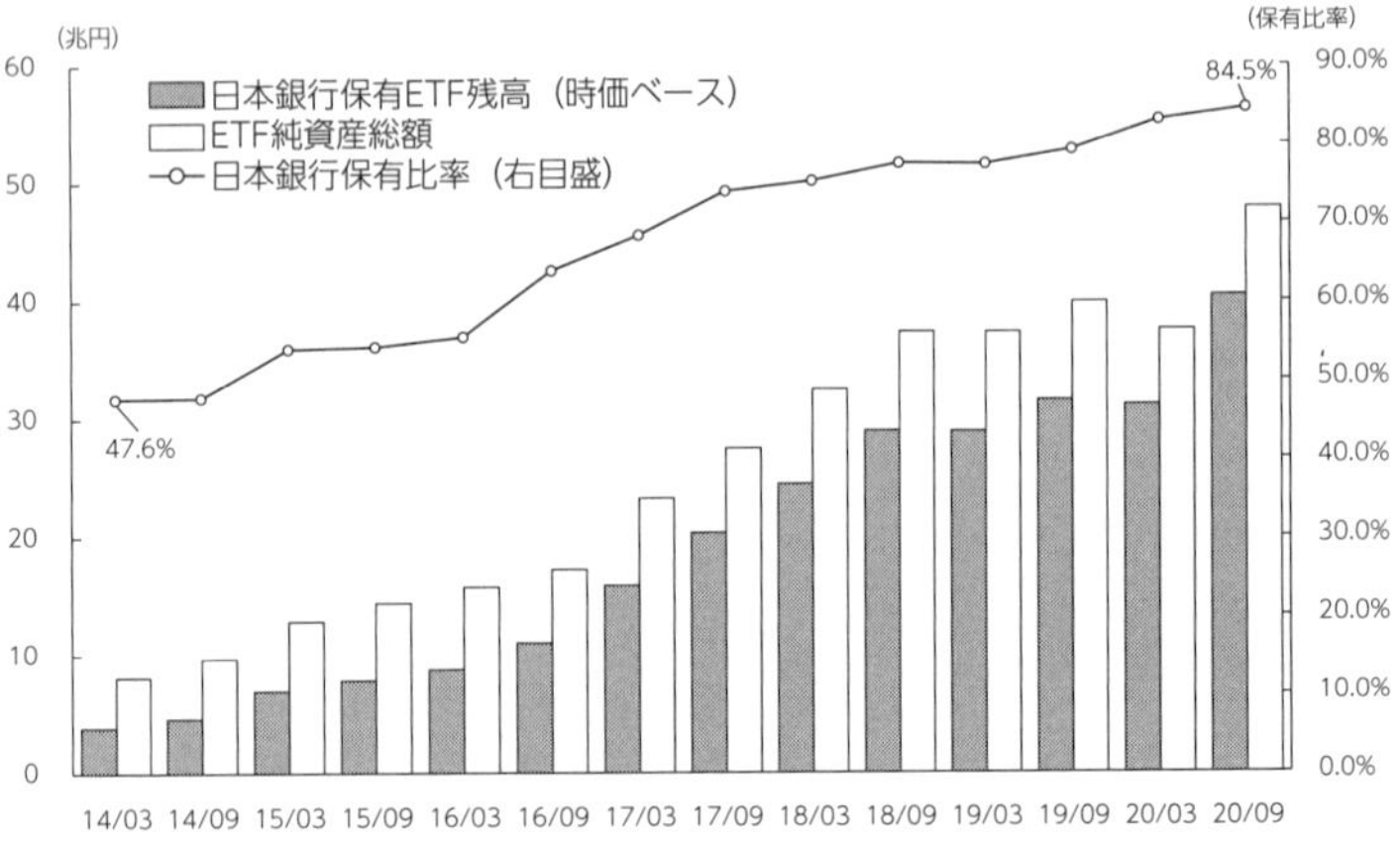

(出所) 日本銀行、投資信託協会

にのみ行われるのではなく、その後も引き続き募集され、機関投資家や証券会社（指定参加者）が大量のＥＴＦを取得する投資家として募集に応じることになる（発行市場）。一方、一般投資家の場合には、個別株式を取引所で売買するのと同じように、流通市場で売買することになり、大口の投資家と小口の投資家が明確に区分されているのがＥＴＦの特徴でもある。

日本銀行は、前者の仕組みを利用するため、大量のＥＴＦを保有することが可能になっている。日本銀行によるＥＴＦ保有額は年々拡大し、２０２０年９月末現在・時価ベースで40・5兆円となっており、これは２０２０年９月現在の株価指数型上場投信の純資産総額47・9兆円の84・5％を占めている（**図1**）。本来であれば、９割近くまで市場保有比率を数年間で高めることなど不可能なはずである。それにもかかわらず、急速に比率を高められたのは、大口投資家による現物交換型の金銭信託の組成が可能であるからだ。市場で流通するＥＴＦそのものを日本銀行が流通市場から購入するのではなく、ＥＴＦのもう１つの市場である発行市場において、大口の受益証券の設定がなされ、日本銀行がその受益権を保有しているのである。そのため、流通市場における出来高を超える規模の取引を行うことが可能であると言えよう。逆を言えば、日本銀行が、保有するＥＴＦを流通市場で売却することは現実的ではない。この点については、第４章で詳しく検討したい。

図1は、日本銀行が保有するＥＴＦが、存在するすべてのＥＴＦに対して、どの程度のシェアを占めるかを示したものであるが、２０１４年３月の47・６％から２０２０年９月の84・５％まで急速にシェアアップしているのが確認できよう。日本銀行以外のＥＴＦ保有者は、残りの15・５％でしかないのである。日本銀行は市場の流通高を配慮しなければいけないほどに、大量のＥＴＦを保有していることになる。

日本銀行が金融政策の一環としてＥＴＦを購入するようになったため、ＥＴＦの規模は大幅に増加したものの、日本銀行を除くと、必ずしもＥＴＦが成長したとは言えない。２０１４年３月から２０２０年９月までの期間で、日本銀行保有分を除くＥＴＦの時価総額は、４・３兆円から７・４兆円まで３・１兆円しか増加していないのである（２つの棒線の差）。そのため、日本銀行を除く発行市場や、小口投資家のための流通市場は、注目される巨大投資家とは対照的な存在にとどまっていると言えよう。

日本銀行はなぜＥＴＦを購入するのか？

日本銀行は、あらゆる経済活動や国民経済の基盤となる「物価の安定」を通じて国民経済の健全な発展を図るために金融政策を決定・実行している。物価が大きく変動する社会では、人々は将来の見通しが描けなくなり、適切な判断や実行が困難に陥り、経済社会そのものに歪みが生じる。これを避けるために物価の安定が求められるが、わが国の場合には21世紀に入ってから、物価が加速的に上昇するインフレーションを回避できたものの、逆に物価が下落するデフレーションに陥った。1970年代の加速的な物価上昇を経験した人々からすれば、物価上昇こそ「物価の安定」を阻害する要因そのものだったが、物価の下落が常態化すると、経済成長に対する期待感が委縮する状況を回避するために、一定程度の緩やかな物価上昇が望ましいと考えるようになった。つまり、「物価の安定」とは緩やかな物価上昇を意味するようになったわけだ。そこで、金融政策を実行する日本銀行も、こうした点を踏まえ、2013年1月に、「物価安定の目標」を消費者物価指数の前年比上昇率2％と定め、これをできるだけ早期に実現するという決定をするに至ったのである。

この目標達成のために、経済環境に応じて様々な政策が矢継ぎ早に実施された。2013年4月の「**量的・質的金融緩和**」導入、2014年10月の「量的・質的金融緩和」拡大、2015年12月には「量的・質的金融緩和」を補完するための諸措置の導入、2016年1月には、「**マイナス金利付き量的・質的金融緩和**」の導入、2016年7月には「金融緩和の強化」の実施である。実に多くの政策が実行に移された。この政策動員は、逆を言えば、約束された消費者物価指数の前年比上昇率2％の達成が困難な目標であったことの裏返しでもある。中でも、マイナス金利の導入は、それまでの常識を覆す政策であったことから、各界からの反響も大きかった。「お金を借りたら金利がもらえる？」というのは、一般的な感覚とは異なるため、なかなか受け入れがたいという事情もあったと言えよう。

その後２０１６年9月に日本銀行は、金融緩和強化のための新しい枠組みである「**長短金利操作付き量的・質的金融緩和**」を導入したが、この政策の主軸は、金融市場調節によって長短金利の操作を行う「**イールドカーブ・コントロール**」と、消費者物価指数上昇率の実績値が安定的に２％を超えるまでマネタリーベースの拡大方針を継続する「**オーバーシュート型コミットメント**」である。国民にしてみれば、横文字が並び、理解しがたい政策というのが本音かもしれない。前者は、日本銀行当座預金へのマイナス金利適用と長期国債の買入の組み合わせに加えて、長短金利操作を円滑に行うために、新しいオペレーション手段（指値オペ）を導入することである。大量の資金を供給できる日本銀行が、国債市場に介入することで、長短金利全体の水準を操作するものであり、戦前・戦時期に金融統制の名の下で、長期国債利回り（三分半利国庫債券等）の利回り水準を３・７％弱に固定したのと同じと言えよう。今回の水準は、それより低い水準の10年国債（満期償還まで10年間である国債）利回りゼロ％前後で半固定化した。この影響で、満期償還までの期間がさらに長い超長期国債利回りも大幅に低下し、生命保険や年金運営に支障が生じるとの批判が高まった。マイナス金利導入で超長期国債利回りが急落したため買オペレーション額を減額するなどして、20年や30年、40年といった期間の金利水準を引き上げる措置を講じるイールドカーブ・コントロールが実施されたのである。

後者のオーバーシュート型コミットメントは、日本銀行は、生鮮食品を除く消費者物価指数の前年比上昇率の実績値が安定的に２％を超えるまで、マネタリーベースの拡大方針を継続するというものである。これは、ある程度物価上昇率が目標値を上回っても、政策の箍《たが》を緩めずに緩和策を続けると約束することで、人々の**信認（クレディビリティ）**を高めることを狙いとしている。この「長短金利操作付き量的・質的金融緩和」の一環として実施されているのが資産買入であり、主にＥＴＦおよびＪ－ＲＥＩＴの積極的な買入を実施している[7]。つまり、日本銀行がＥＴＦを購入する理由は、最終的には「物価の安定」のために実施する「長短金利操作付き量的・質的金融緩和」の具体的な手段として有効であると考えるからなのである。その手段が有効であるか否かについては、もう少し説明が必要であろう。日本銀行の説明では、ＥＴＦの買入は、全体の金融緩和の枠組みの中で、株式市場におけるリスク・プレミアムにはたらきかけることを通じて、経済・物価にプラスの影響を及ぼしていくという観点から実施しているとしている。つまり、「**ＥＴＦの購入（政策手段）➡株式市場におけるリスク・プレミアムにはたらきかける➡経済・物価にプラスの効果（政策目的）**」という経路で、ＥＴＦの購入が金融政策の目的に沿っていると説明しているわけである。これが、日本銀行がＥＴＦを購入する理由であるが、釈然としない人々が多いのもまた事実であろう。

感覚的には、株価が下落する際に一定程度日本銀行がＥＴＦを通して株式を購入するならば、株価下落による損失を被る確率が低下するため、株式投資への忌避感が後退する。それにより、リスク性資産である株式への投資が増加するならば、株価上昇期待が高まり、将来の経済・物価見通しに対する期待感も高まるという説明の方が腑に落ちるがどうだろうか。これは、「**逆資産効果の回避**」と言い換えてもよいはずだ。資産効果とは、株価などの資産価格の上昇が、個人消費を増加させる効果を

(7)　２０２０年12月18日の「当面の金融政策運営について」では、「①新型コロナ対応資金繰り支援特別プログラム、②国債買入れやドルオペなどによる円貨および外貨の上限を設けない潤沢な供給、③ＥＴＦおよびＪ－ＲＥＩＴの積極的な買入れにより、企業等の資金繰り支援と金融市場の安定維持に努めていく」としている。

指す一方、逆資産効果とは、株価などの資産価格の下落が、個人消費を減少させる効果を指す。そのため、逆資産効果の回避とは、株価維持を図ることを通して、投資家の将来に対する期待感を低下させることを防ぎ、経済行動を委縮させないことを意味する。つまり、「ＥＴＦの購入（政策手段）➡**株価維持による逆資産効果の回避➡経済・物価にプラスの効果**（政策目的）」という経路がはたらくことを理由に日本銀行がＥＴＦを購入しているとすれば納得感がある。実際に、日本銀行によるＥＴＦ買入政策は日経平均銘柄に影響していたとの実証研究[8]からも、リスク・プレミアムに対する影響の計測は難しいが、株価に影響を与えたことを否定できないだろう。

この政策は、簡単に言えば、**株価維持政策**にほかならない。しかし、株価維持とすれば、戦前・戦時期および戦後の株価維持機関と同類とみなされ、金融政策の範疇を逸脱しているとの批判を免れないだろう。このような事情もあり、リスク・プレミアムという用語を活用することを通して、ＥＴＦ購入が金融政策の目的に沿ったものであると説明をしているのが日本銀行であるとの意見もある。

ところで、このリスク・プレミアムとは何を意味するのだろうか。**株式リスク・プレミアム**（Equity Risk Premium: ERP）は、安全資産ではない株式に投資するリスクに対する報酬として投資家が要求する、安全資産利子率を上回る期待超過収益率のことである。しかし、「市場で観察できる利子率と違い、ＥＲＰを直接観察することはできないため、その推計値に関しては研究者や専門家のあいだでも意見がわかれる」[9]とされている点には、注意が必要である。そもそも事前に計測することが困

(8) Harada and Okimoto (2019) 参照。

難な株式リスク・プレミアムにはたらきかけるという政策は、検証可能なのだろうか。その成果も漠然としており、「雲を摑むような政策」であり、イメージ先行との批判を免れないだろう。

ＥＴＦの購入は、株価の下方への変動率を抑制する（大きく下がらない）株価維持政策により、株式市場のリスク水準を（片務的に）引き下げる政策である。一方、投資家の描く株式リスク・プレミアムを縮小させる政策は、高水準にあるリスクが変わらないにもかかわらず、投資家は、追加的な報酬（期待超過収益）を求めなくなる政策である。前者が、株式市場のリスク水準そのものを引き下げるのに対して、後者は投資家の期待リターン水準（株式リスク・プレミアム）にはたらきかけるものであるが、現在、日本銀行が実施しているＥＴＦ購入は、日銀の主張とは異なり、前者の性格が強いとは言えまいか。

そのため、本書では、**日本銀行のＥＴＦ購入は、株式市場のリスク・プレミアムにはたらきかけると言うよりも、逆資産効果の回避のための株価維持策の1つと捉える**べきではないかと考える。この考えは日本銀行の考え方とは異なるが、現在の政策を理解するためには腑に落ちる説明であろう。そこで、この立場から日本銀行はどのように株価維持政策を実施しているのかという点を明らかにして

---

(9) 山口（２０１６）１０３～１０４頁。「事前のＥＲＰを直接観測することはできない。そこでＥＲＰが平均回帰的な性質を持てば、事前に要求されたＥＲＰは長期的・平均的には事後的にも実現するはずであると想定して、実証研究では事後のリターン格差（引用者注：超過リターン）を便宜的に〝リスクプレミアム〟と呼んできた」とあるが、日本銀行のＥＴＦ購入により、投資家の事前の株式リスク・プレミアムが縮小したとき、事後的な株式リスク・プレミアム水準に変化がないのであれば、長期的な平均回帰性により、その後の期待リターンは低下することになる。投資家の事前の株式リスク・プレミアムにはたらきかける政策は、一時的効果はともかく、長期的には持続性が高いものとは言いがたい。

いこう。リスク性資産の買入方針について、次節で整理したい。

2 日本銀行が保有するETF・株式・J－REIT

日銀が保有する3つのリスク性資産

日本銀行が保有する金銭の信託（信託財産）には、2つの株式関連の勘定（「金銭の信託（信託財産株式）」と「金銭の信託（信託財産指数連動型上場投資信託）」と、不動産投資信託（「金銭の信託（信託財産不動産投資信託）」）に関する勘定との3種類がある。これら3種類のリスク性資産は、いずれも金銭の信託である点で共通しているが、内容は異なる。後者の不動産投資信託（REIT：Real Estate Investment Trust）は、投資家から集めた資金で不動産投資の専門家がオフィスやマンション等の不動産を購入し、購入した不動産を賃貸し、その賃料収入や売却益から費用を差し引いた残りの収益を投資家に分配する金融商品であり、日本銀行は、取引所に上場する銘柄を購入している。日本の取引所に上場しているREITをJ－REITと総称している。2010年12月以降、日本銀行が順次買い増しており、簿価ベースで0・6兆円（2020年11月末現在）を上回る規模になっている（2020年9月末現在・時価ベースで0・7兆円）。日本銀行は、取引所に上場する銘柄を購入しているため、株式市場全体の動きを表す指数連動型商品への投資とは異なり、個別銘柄それぞれが独自の動きをする点で注意が必要だ。また、資産買入が始まった2010年は、「各銘柄の発行残高の5％以内であって、買入額が銘柄毎の時価総額に概ね比例するよう銘柄毎の買入上限を設定」していたが、2015年12月には、「市場における発行残高との対比でみた日本銀行の保有残高が増加していることから」、10％以内に引き上げ、さらに、2020年5月からは、日本銀行による買入が「銘柄毎の市中流通残高に概ね比例して行われる」ように変更している。ETF（設備投資および人材投資に積極的に取り組んでいる企業を支援するためのETFを除く）が銘柄ごとの上限が設けられていないのに対して、J-REITは10％以内という枠がはめられているため、ETFほど容易に買い増せないことを意味している。

次に、近年、特に注目されるようになった「金銭の信託（信託財産指数連動型上場投資信託）」は、前者の株式関連勘定の1つであり、東証株価指数（TOPIX）や日経平均株価といった指数に連動することを意図した投資信託のうち、取引所に上場しているものであり、そのリスクやリターンは、株式市場の動きに連動する傾向が強い[10]。簿価ベースで35・1兆円（2020年11月末現在）の規模にまで膨らんでいる（2020年9月末現在・時価ベースで40・5兆円）。毎年の購入額が増額されて以降、2020年末（2020年12月末）にかけて株価が上昇しているため、時価ベースの保有額は45兆円程度まで拡大していると試算されている。東京証券取引所1部銘柄の時価総額が661兆円程

(10) 東証株価指数、日経平均株価のほかにJPX日経インデックス400を対象とした指数連動型ETFを日本銀行は購入している。左三川・中野（2020b）は、各指数等に連動するETFは、順に8銘柄、8銘柄、7銘柄としている。このほかに、日本銀行は、特定の性格を有する株価指数に連動する設備投資および人材投資に積極的に取り組んでいる企業を支援するためのETFも保有している。

度であるため、それに占める割合は簿価ベースで5％程度、時価ベースで7％弱となっている。

このほかに、日本銀行は、もう1つの株式関連勘定として簿価ベースで0・6兆円（2020年11月末現在）の「金銭の信託（信託財産株式）」（2002年末以降、信託銀行を通じて金融機関から買い入れた株式）を保有しているが、金融機関が保有していた個別企業の株式を日本銀行が保有するようになったため、指数とは異なる個別企業の業績や株式需給によりリターンが変動するという点で、ETFとは異なる。2004年9月に2兆円を超えていたものの、その後の売却により、現在は大幅に減少し、2020年10月には、日本銀行が保有する不動産投資信託を簿価ベースで下回っている。(11)

日本銀行は、2002年11月から2004年9月までの期間、および2009年2月から2010年4月までの期間にわたり、金融機関から保有株式の買入を実施した。前者は、金融機関が保有株式の価格変動リスクを軽減し、不良債権問題の克服に着実に取り組める環境を整備することを目的としており、累計買入額は2兆180億円であった。一方、後者は、国際的な金融システムの混乱がわが国の金融システムにも影響を及ぼす下で、わが国の金融機関にとって株式保有リスクへの対応が引き続き極めて重要な経営課題となっていることを踏まえて実施され、累計買入額は3、878億円であった。これらは、金融システムの安定確保のために必要不可欠であるとの認識から、財務の健全性維持にも十分配意した上で、時限的措置として日本銀行が実施したものである。日本銀行では、買い入れ

(11) 金銭の信託（信託財産株式）は、時価ベース（2020年9月末現在）で1・6兆円程度あるため、時価ベースでは不動産投資信託を上回る。

図2　日本銀行「金銭の信託」残高推移（簿価ベース）

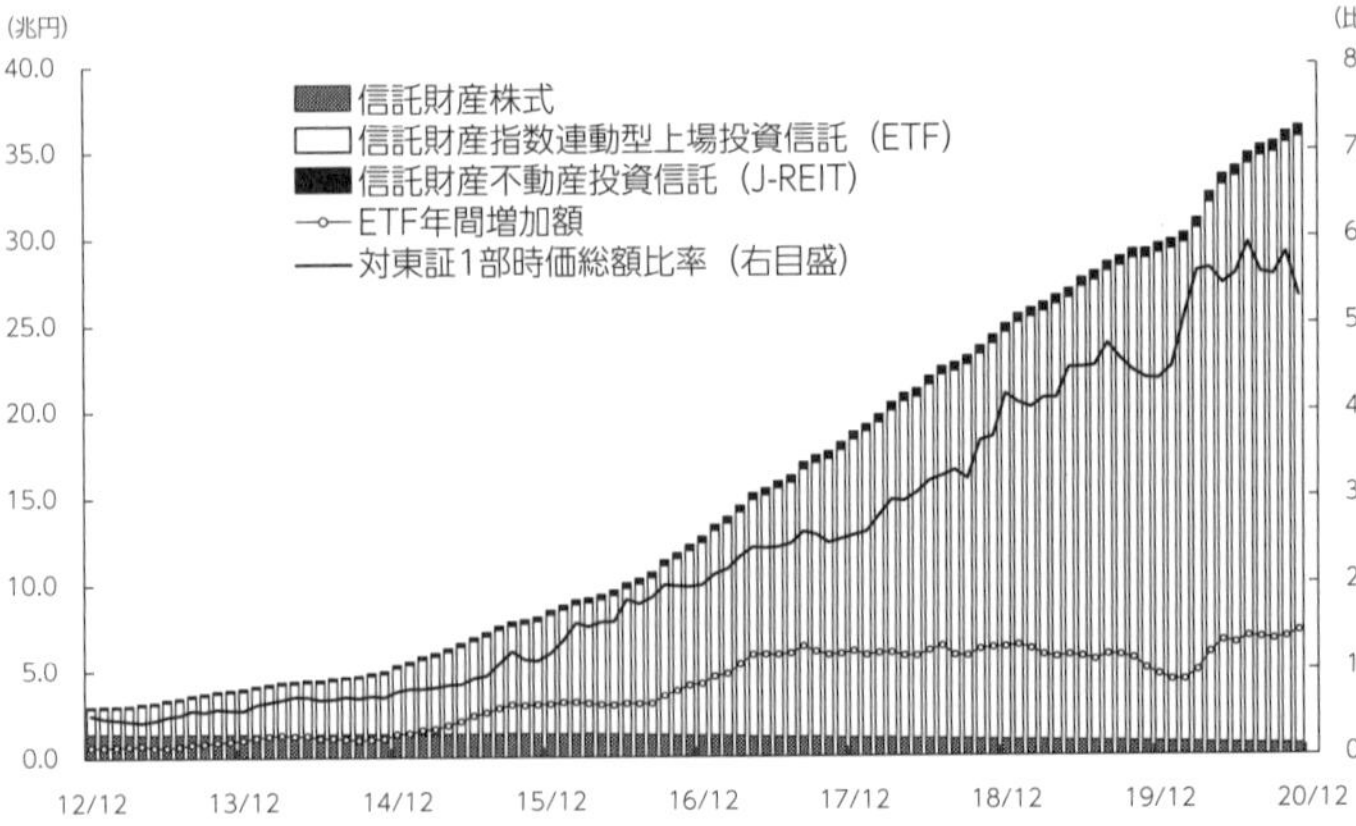

(出所) 日本銀行

た株式について、2016年4月より、受託者として選定した信託銀行を通じて市場での売却を再開しているため、現在は順次減少している。2010年からのETFの購入にばかりスポットライトが当たっているが、すでに2002年以降、現物株式を買い取っていた点、さらにそれが金銭信託という形式で保有されている点は、今後の日本銀行の資産買入にとって重要な視点を投げかけてくれる。この点については第4章で改めて取り扱いたい。

拡大する日本銀行のリスク性資産

図2は、簿価ベースでの日本銀行が保有する金銭の信託（信託財産）の残高推移であり、圧倒的にETFの買入累積額が増加している点が確認できる。日本銀行が保有する資産総額対比のETF比率については、国債保有額が急増していることもあり相対的に低位の5%程度で推移しているが、2020年3月16日公表の「新型感染症拡大の影響を踏まえた金融緩和の強化

について」の中で、「ＥＴＦおよびＪ－ＲＥＩＴについて、当面は、それぞれ年間約12兆円、年間約1，800億円に相当する残高増加ペースを上限に、積極的な買入れを行う」[12]としており、増加ペースは加速した。対前年比では、2020年11月に7・2兆円の増額ペースとなっている。

次に、2010年12月から始まった日本銀行のＥＴＦ購入について、時系列で確認してみよう。日本銀行は、2010年12月15日の約142億円購入を皮切りに、株式市場全体の動きを代表する株価指数に連動するＥＴＦの保有を開始した（**表1**のＥＴＦ(1)欄参照）。2010年末には284億円に過ぎなかったものの、徐々に年間購入額を増加させ、2020年（暦年）は約6・8兆円のＥＴＦを購入している。2016年からは、「設備投資および人材投資に積極的に取り組んでいる企業を支援するためのＥＴＦ」の保有も開始しているが、年間0・3兆円程度の購入としている。このＥＴＦは特定の性格を有する株価指数に連動するＥＴＦであり（組入上限を超えた分はＪＰＸ日経インデックス400連動ＥＴＦを購入）、株式市場全体の動きとは若干異なる特性を持つ点で注意が必要である（**表1**のＥＴＦ(2)欄参照）。そのため、日本銀行のＥＴＦ購入といった場合には、大部分を占める前者の株式市場全体の動きを代表する株価指数に連動するＥＴＦと捉えて構わないだろう。

興味深いことに両者の購入ペースは対照的である。前者が、株式市場動向に応じて購入する日が選別されているのに対して、後者は、毎営業日一律に平準化されて購入している。前者の購入日数が22

(12) 日本銀行による公表文では、「ＥＴＦおよびＪ－ＲＥＩＴの原則的な買入れ方針としては、引き続き、保有残高が、それぞれ年間約6兆円、年間約900億円に相当するペースで増加するよう買入れを行い、その際、資産価格のプレミアムへの働きかけを適切に行う観点から、市場の状況に応じて、買入れ額は上下に変動しうるものとする」と注記されている。

表1　日本銀行によるリスク性資産の購入および貸付（簿価ベース）

歴年	合計額（年間）				日数（年間）				平均額（1回当たり）			
	ETF(1)	ETF(2)	J-REIT	貸付	ETF(1)	ETF(2)	J-REIT	貸付	ETF(1)	ETF(2)	J-REIT	貸付
2010年	284		22		2		1		142.0		22.0	
2011年	8,003		643		41		40		195.2		16.1	
2012年	6,397		446		22		23		290.8		19.4	
2013年	10,953		299		57		60		192.2		5.0	
2014年	12,845		372		74		66		173.6		5.6	
2015年	30,694		921		88		73		348.8		12.6	
2016年	43,820	2,196	887		90	183	73		486.9	12.0	12.2	
2017年	56,069	2,964	898		78	247	74		718.8	12.0	12.1	
2018年	62,100	2,940	564		87	245	47		713.8	12.0	12.0	
2019年	40,880	2,892	528		58	241	44		704.8	12.0	12.0	
2020年	68,450	2,916	1,147	3,848	71	243	70	72	964.1	12.0	16.4	53.4
総計	340,495	13,908	6,727	3,848	668	1,159	571	72	509.7	12.0	11.8	53.4

(注) ETF(2)は「設備投資および人材投資に積極的に取り組んでいる企業を支援するためのETF」、ETF(1)はETF(2)以外。「貸付」は日本銀行が保有する「指数連動型上場投資信託受益権」の貸付け。
(出所) 日本銀行

日（2012年）から90日（2016年）まで柔軟に変化しているのに対して、後者は245日前後でありほぼ毎年一定になっているとともに、1回当たりの購入額も12億円で固定しているのが特徴である。前者の1回当たりの購入額は、日本銀行による買入方針の変更とともに変化しており、おおむね増加傾向で推移しているのが確認されよう。

図3は、四半期ごとに日本銀行が購入したETFの平均購入額を記している。2016年半ばから、1回当たりの平均購入額が700億円程度まで上昇し、その後は長期にわたりこの水準を維持しているのが確認されよう。一方、新型感染症拡大が懸念された2020年には、1回当たり1,000億円を上回るETF購入が実施されていることから、日本銀行が積極的に

図３　日本銀行によるETF購入（毎四半期）

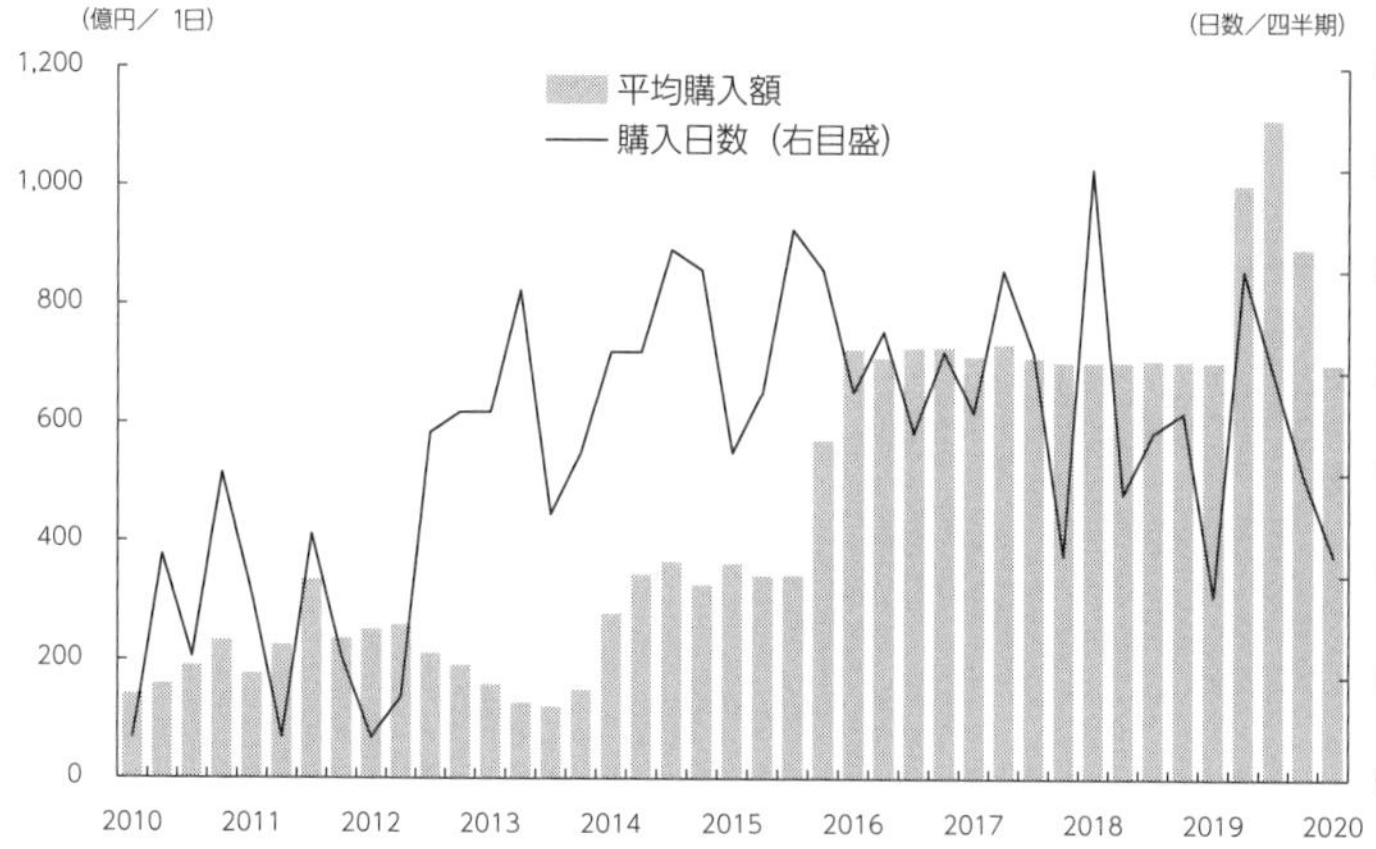

（注）ETFは「設備投資および人材投資に積極的に取り組んでいる企業を支援するためのETF」以外を対象とした。
（出所）日本銀行のデータを基に著者作成。

市場に対するオペレーションを実施した点が明らかである。注目すべきは、２０２０年末（暦年）にかけて、一時的に拡大した購入額が低下するとともに、購入日数（回数）も減少しており、２０２０年10月～12月の四半期での購入回数は10回となっている。２０２０年末現在における、ＥＴＦ購入に対する日本銀行の姿勢は低調になってきていると捉えられなくもない。**黒田東彦氏が日本銀行総裁に就任した２０１３年以降、四半期当たりの購入頻度は20回程度を維持してきたものの、そのペースは感染症拡大時を除くと後退してきている**と言えそうだ(13)。

　また、日本銀行は、２０１９年12月に「ＥＴＦ市場の流動性の向上を図る観点から、日本銀行が保有するＥＴＦを市場参加者に一時

(13) ２０２０年１月４日のオペレーションは、１回当たりの購入額５０１億円まで減額されている。

的に貸し付けることを可能とする制度」を導入した（**表1**の貸付欄参照）。これは前節で記したように、ＥＴＦの時価総額の９割近くを日本銀行が保有するようになっているため、流通市場における流動性が低い点を是正するための措置である。市場に存在するＥＴＦの大部分を日本銀行が抱えており、当面売却の余地がないとするならば、流通市場の売買可能性が低下してしまう。そこで、ＥＴＦを貸し出すことで、市場参加者は、市場全体の購入意欲が強く、市場が過熱していると考えれば、ショート・ポジション（ＥＴＦを借りて売却する取引）を組みやすくなった。２０２０年以降、ＥＴＦ貸付が実施されているが、逆を言えば、日本銀行のＥＴＦ保有が市場実態を著しく超えた規模になってきたことの裏返しだと言えよう。

日本銀行のＥＴＦ買入方針

表2は、２０１３年４月以降のＥＴＦおよびＪ‐ＲＥＩＴの年間買入ペース額の変遷だが、**ＥＴＦは、２０１０年に買入限度額０・４５兆円程度で始まったものの、買入ペースが年間１兆円⬇年間３兆円⬇年間６兆円⬇年間６兆円（上限12兆円）に増額されている。**また、Ｊ‐ＲＥＩＴも２０１０年に買入限度額０・０５兆円程度で始まったものの、買入ペースが年間３００億円↓年間９００億円↓年間９００億円（上限１，８００億円）という具合に拡大しているが、増加ペースはＥＴＦほどではなく、市場の流動性に配慮したものと想定される。さらに日本銀行は、ＥＴＦに関する買入方針を数回にわたり変更してきている。

表3は、幾種類もある株価指数の中で、どの指数に連動するＥＴＦを購入するかについての方針が、

表2　日本銀行によるETF・J-REITの買入額の変遷（2013年4月以降）

	ETF	J－REIT
2013年4月	保有残高が年間約**1兆円**に相当するペースで増加するように買入を行う。	保有残高が年間約**300億円**に相当するペースで増加するように買入を行う。
2014年10月	保有残高が年間約**3兆円**に相当するペースで増加するように買入を行う。	保有残高が年間約**900億円**に相当するペースで増加するように買入を行う。
2016年1月	保有残高が年間約**3兆円**に相当するペースで増加するように買入を行う。 2016年4月以降、新たに年間約**3,000億円**の枠を設けて「設備・人材投資に積極的に取り組んでいる企業」の株式を対象とするETFを買い入れることとする。	保有残高が年間約**900億円**に相当するペースで増加するように買入を行う。
2016年7月	保有残高が年間約**6兆円**に相当するペースで増加するように買入を行う。	保有残高が年間約**900億円**に相当するペースで増加するように買入を行う。
2018年7月	保有残高が年間約**6兆円**に相当するペースで増加するように買入を行う。 その際、資産価格のプレミアムへのはたらきかけを適切に行う観点から、市場の状況に応じて、買入額は上下に変動しうるものとする。	保有残高が年間約**900億円**に相当するペースで増加するように買入を行う。 その際、資産価格のプレミアムへのはたらきかけを適切に行う観点から、市場の状況に応じて、買入額は上下に変動しうるものとする。
2020年3月	2018年7月の方針を原則としつつ、当面は、年間約**12兆円**に応答する残高増加ペースを**上限**に、積極的な買入を行う。	2018年7月の方針を原則としつつ、当面は、年間約**1,800億円**に応答する残高増加ペースを**上限**に、積極的な買入を行う。

時系列で変化している点を示したものである。日本銀行は、目的を達成するための手段を適時見直していることが理解できよう。

　TOPIXの対象銘柄は2、176銘柄（2020年11月末現在）であり、東証1部銘柄を対象にしているため、日経平均株価の225銘柄やJPX日経インデックス400の

表３　日本銀行によるETFの買入方針

期間	買入方針
2010年12月～2014年12月	TOPIX連動と日経平均株価連動のETFを銘柄ごとの時価総額比例で購入
2014年12月～2016年10月	TOPIX連動、日経平均株価連動、JPX日経インデックス400連動のETFをそれぞれ銘柄ごとの時価総額比例で購入
2016年10月～2018年８月	2.7兆円をTOPIX連動、残りの３兆円は３指数連動のETFを銘柄ごとの時価総額比例で購入
2018年８月～2020年４月	4.2兆円をTOPIX連動、残りの1.5兆円は３指数連動のETFを銘柄ごとの時価総額比例で購入
2020年５月～	約75％をTOPIX連動、残りの25％を３指数連動ETFの銘柄ごとの市中流通残高比例で購入

400銘柄と比較しても、より多くの銘柄を対象にするとともに、時価総額（2020年11月末現在の浮動株ベースの時価総額は392・7兆円）に応じて算出されるため、特定の銘柄への集中度が低いというメリットがある。そのため、資産買入額が拡大してくると、組入対象が限定される指数に連動するETFへの保有により、その指数が採用している銘柄の需給が引き締まり、市場に歪みを生じさせてしまうことになる。たとえば日経平均株価での組入比率の高い銘柄については、日本銀行による組入比率が過度に高まるという弊害が生じてしまったのである。

しかし、その後2年弱の時間を経過して、その弊害を認識した日本銀行は、2016年10月に、TOPIX連動型のETFの購入比率を高めるように軌道修正を図ったのである。日本銀行が筆頭株主という企業が増加し、さらにその比率が異常に高まるケースが散見されるため、投資するETFが連動する指数の見直しが図られたと考えてよいだろう。2016年9月までは、日経平均株価に連動するETFの購入比率が高かったものの、組入方針の見直しにより、2016年10月以降は

ＴＯＰＩＸ連動型のＥＴＦの比率が高まっている。一方、２０２０年５月からは、一部につき時価総額比例ではなく、市中流通残高比例での購入に切り替えている。日本銀行自身が購入することで流通高が過度に減少したＥＴＦ（時価総額から日本銀行保有額を控除した額が少ないＥＴＦ）よりも、流通高が多いＥＴＦに振り向け、市場の流動性確保を図ったと言えよう。

3　2020年を境に株式市場への影響が加速

強制的な個人による株式保有比率上昇策か？

これまで億円単位や兆円単位で、日本銀行が保有する資産についてみてきた。しかし、桁が大きく、親近感がわかないのが実情だろう。そこで、日本銀行が保有するＥＴＦの規模を、日本国民１人当たりに換算してみよう。日本国民１億２千万人（国連統計の年次総人口）に、日本銀行のＥＴＦを等しく配るとするとどうだろうか。２０２０年９月現在では、国民１人当たりでは27万４千円のＥＴＦを購入し、それが株価の上昇により32万円まで増加して４万６千円が評価益になっていると試算できる。単身世帯であればこの額だが、子供も含めた４人世帯ならば、１２８万円のＥＴＦを保有し18万４千円の評価益。大分儲かっているなと、感心するとともに、このよう大規模なことが、国民に選ばれた議員の議決で決められているわけでなく、日本橋川に架かる常磐橋のたもとの日本銀行政策委員会室で決められていることに、違和感を抱く人も多いことだろう。

大事な点は、この4万6千円が株価の上下動により変動するという点だ。新型感染症拡大ショックにより株価が下落した２０２０年3月末は、３千円弱にまで減少している。あくまでも評価損益であり、国民にしてみると自由に売却できない資産である。知らず知らずのうちに、株価の変動によるリスクを抱え込んでしまっているだけに、この日本銀行のＥＴＦ購入については、国民的課題として注目すべきであろう。

このように日本銀行により購入されるＥＴＦは、視点を変えると思わぬ効果をもたらしていると言えるかもしれない。**株式などのリスク性資産への投資をしないわが国の国民性に対して、その代わりに日本銀行がＥＴＦを購入することで、間接的に家計がリスク性資産を保有するようになっているという皮肉な考え**である。

わが国の家計による株式保有は、他の先進国と比べて少ないため、個人投資家などによる株式保有を促さなければいけないと言われる。「貯蓄から投資へ」というスローガンが発表され、多くの金融関係者が叫ぶのを耳にしたことがあるのではないだろうか。しかし、政策的な後押しをしても、なかなか家計の株式投資は増加しないのが現状である。２０２０年3月末の各地域の家計の金融資産構成を確認すると、わが国の株式等９・６％・投資信託３・４％に対して、米国の株式等32・５％・投資信託12・３％、ユーロエリアの株式等17・２％・投資信託８・７％であり、相対的に日本のリスク性資産の保有比率が低いと指摘されている[14]。各地域でデータ取得の基準が異なるものの、わが国の傾向として株式等の比率が低いのは認めざるを得ない。一方で、年金受給世代人口比率が高い日本において、リスク性資産の比率を高めていくというのは、理論的に必ずしも整合性がとれない点も配慮する必要はある。ハイリスク特性を持った株式等については、長期的な保有によりローリスクの金融商品よりも高いリターン（収益率）を得る確率が高まるため、保有金融資産の換金ニーズが高い高齢者の場合には、換金時に必ずしも高いリターンを得ているとは限らないからである。

そこで登場するのが日本銀行である。日本銀行によるＥＴＦ購入は、**業を煮やした政府による強制的な家計による株式保有策**と捉えられなくもない。笑えるようで笑えない話でもあるが、日本銀行によるＥＴＦ購入により仮に損失が生じれば、最終的には国庫の負担になる。その場合、国民による広く薄く株式を保有する政策と読み替えるならば、個別の高齢者世帯でリスク性資産を増やせないという限界もカバーできよう。２０２０年末現在、日本銀行が保有するＥＴＦは多額の評価益を抱えているため、めぐりめぐって国民にとっては結構なことだが、リスクをとって株式投資したという個人投資家の意識はなく、知らず知らずのうちにリスクをとっていたというのは、決して後味の良いものではないはずだ。

ところで、**図4**は、わが国の家計部門が保有する株式と投資信託の占める配分割合（家計金融資産合計対比）の推移を示したものである。２００５年および２００６年は、株式・投資信託合計で16％程度まで上昇したものの、２００８年にはグローバル金融危機の影響で合計比率は９％程度まで大幅に減少している。その後は２０１７年度15％超まで回復したが、近年は低下傾向で推移している。家計は、リスク性資産への投資を手控え始めたのかもしれない。この減少を補うように、日本銀行の

(14) 日本銀行『資金循環の日米欧比較』の図表２（２０２０年８月21日発表）。

図4　家計部門と日本銀行による株式・投資信託保有比率（家計金融資産合計対比）

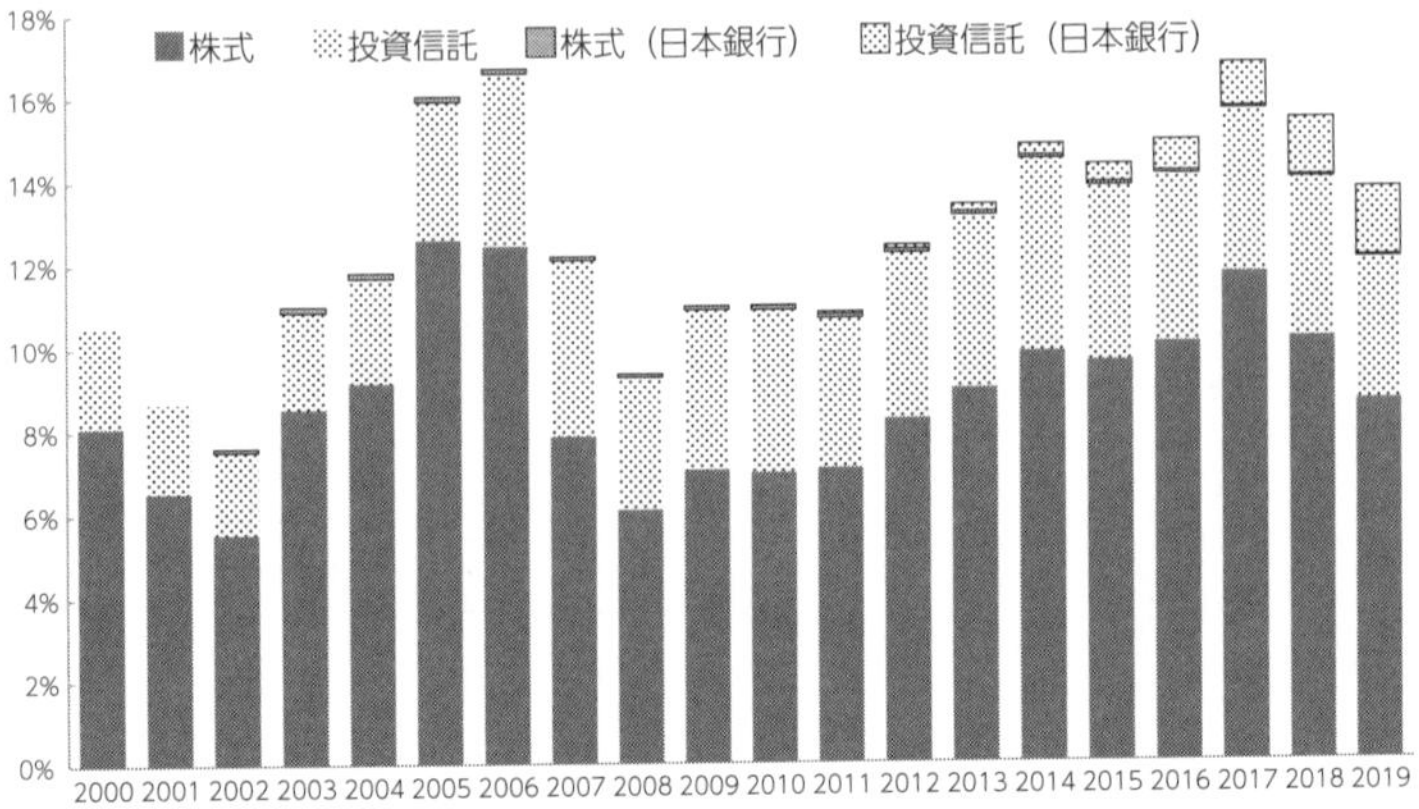

（出所）日本銀行のデータを基に著者作成。

ＥＴＦ投資額が増加し、家計金融資産合計対比で増加している点は興味深い。株価の上昇による増加分を反映させれば、日本銀行によるＥＴＦ投資増加により、日本銀行が保有する投資信託の比率は２％程度に相当している。２０２０年３月以降は、日本銀行は、グローバルで比較した際に、リスク性資産への個人投資家の投資姿勢の後退を補う意図はないものの、結果としてわが国の投資家のリスク回避姿勢を補完する役割を果たしていると言って差し支えないだろう。このような副次的効果を持った日本銀行のＥＴＦ購入だが、世界の中央銀行としては異例の金融政策として位置づけられ、さらにその規模は２０２０年末現在、拡大している。その影響は、決して小さいとは言えないが、おおむね日本銀行の財務内容に係るものと、金融市場の構造に与えるものに二分されよう。

日本銀行の財務に対する影響

２０１０年代に日本銀行の資産および負債総額の規

模（バランスシート）は急速に拡大している。その中でも特に多くの比率を占めているのは長期国債である。ＥＴＦに関しては、長期国債に比較すれば非常に低い比率でしかない。ＥＴＦは、指数連動型で株式に投資しており、変動の大きいリスク性資産ということになるが、国債よりも比率が低いため、資産規模に対する評価損益額はそれほど大きくないとされてきた。また、日本銀行の経常収益[15]を支える長期国債および短期国債による**キャリー収益**（利息や配当といった安定的に積み上がる収益等）が大きく、ＥＴＦの評価損益の変動の**バッファー（緩衝材）**として機能して、日本銀行全体の損益には大きな影響を与えないとされてきた。確かに、ＥＴＦを購入すれば、その増加額に応じてＥＴＦの配当金も毎期計上され、これもキャリー収益として緩衝材の役割を果たすはずだ。

しかし、積み上がるＥＴＦ残高にもかかわらず、年々低下する金利情勢の下、国債のキャリー収益は追随できていない。**図5**を確認すると、２０１３年度の経常収益（国債）は０・８兆円だったが、２０１９年度は１・２兆円に過ぎない。ＥＴＦ残高が、２０１３年度末（時価ベース）３・９兆円だったのに対して、２０１９年度末（同）31・２兆円まで８倍近くになっているのとは好対照であろう。また、国債の中でも短期国債にかかわる経常収益は、２０１５年度からマイナスになっており、その後も、マイナス金利政策導入の影響によりマイナスを抜け出せず足を引っ張っている。ＥＴＦ残高増加とともにＥＴＦの分配金は２０１３年度末０・０４兆円が２０１９年度末０・６兆円まで急増して

(15) 長期国債利息、ＥＴＦ分配金等のほかに、外貨債権収益等（為替差損益含む）も、日本銀行の単年度の経常収益に大きな影響を与えている。

図5 日本銀行の財務状況

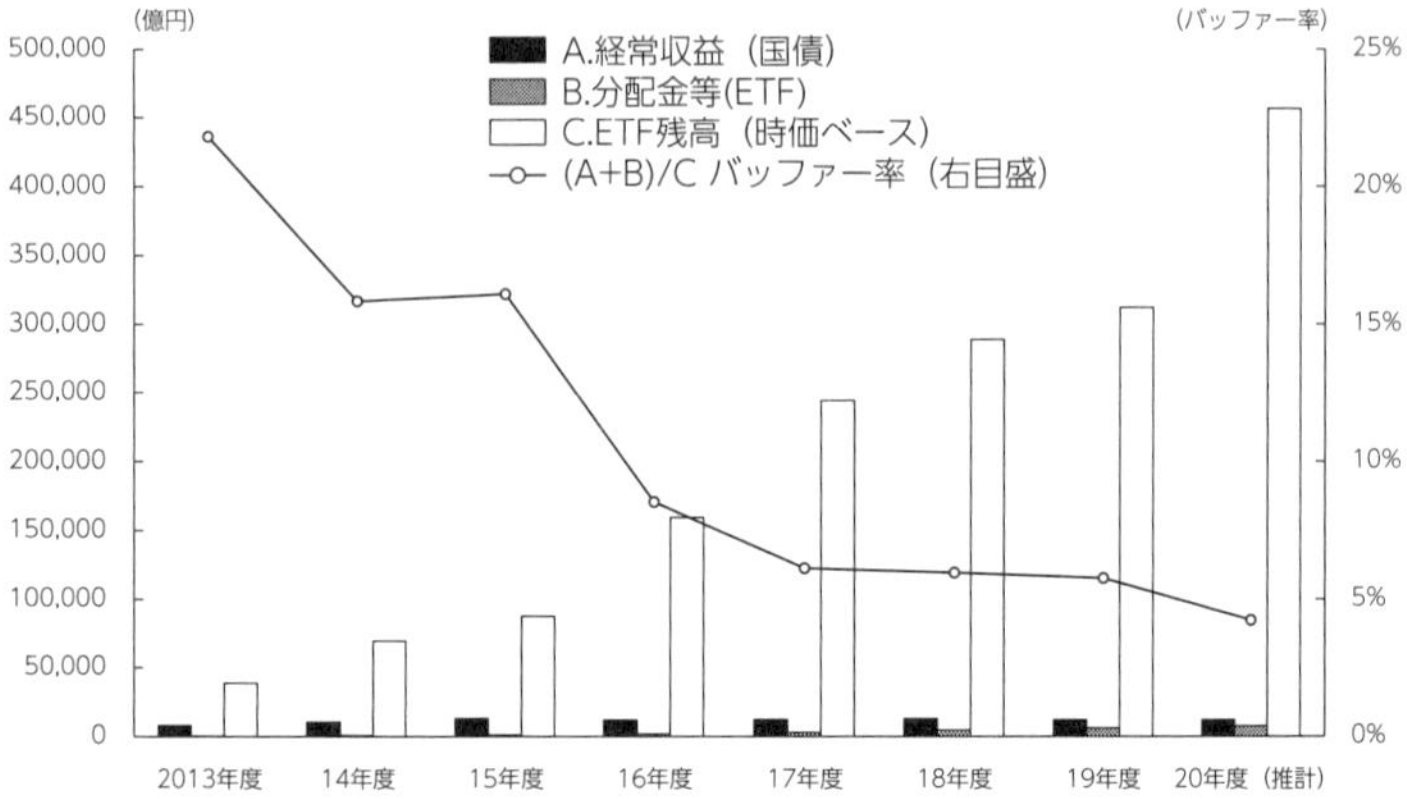

(出所) 日本銀行の財務諸表を基に著者作成。2020年度について、経常収益（国債）は2019年度と同額、分配金等（ETF）は2020年度上期分に1.1を乗じた額、ETF残高は2020年12月末推計額45兆円に2020年度10-12月期の購入額を加えた45.7兆円として推計した。

いるのは、キャリー収益に貢献しているが、経常収益（国債）と分配金等（ＥＴＦ）の合計額を、ＥＴＦ残高で除したバッファー率は、２０１３年度の21・８％から２０１９年度には５・８％まで低下している。これは、**ＥＴＦが大幅に減価した際にキャリー収益で賄える比率の低下を示しており、リスクバッファーが著しく低下していること**を意味している。２０２０年度末をあえて推計してみるならば(16)、株価の上昇により評価益が拡大しているものの、ＥＴＦ残高が増加している一方で、１年間のキャリー収益が追随しないため、バッファー率は４・２％まで低下している可能性がある。これは、株式市場が４・２％下落しただけで、

(16) ２０２０年度について、経常収益（国債）は２０１９年度と同額、分配金等（ＥＴＦ）は２０２０年度上期分に１・１を乗じた額（ＥＴＦの分配金支払は上期に集中しているため２０１９年度の事例から係数を算定）、ＥＴＦ残高は２０２０年12月末推計額45兆円に２０２０年度10－12月期の購入額を加えた45・７兆円として推計した。

1年分のキャリー収益（国債およびETF）を吹き飛ばすことになる。

年金積立金管理運用独立行政法人（GPIF）は、2020年3月31日に公表した「基本ポートフォリオの変更について（詳細）」において、国内株式の期待リターンを5・6％、リスク（標準偏差）を23・14％としている。ファイナンス理論上は、国内株式のリターンがマイナス17・54％（＝5・6－23・14）になる可能性は十分にあるということを意味する。仮に実現可能性が決して低くない17・54％の株価下落が発生した場合に、日本銀行が保有するETFでは、約4年分のキャリー収益（国債およびETF）を吹き飛ばすと言えよう。2013年度のバッファー率が21・8％だったことから考えれば（この時点ではバッファー内に収まっていた）、ポートフォリオの健全性という点では、格段に後退していると言わざるを得ないのである。GPIFが対象としている株価指数は東証株価指数であるため、日本銀行が保有するETFが連動する株価指数と完全に一致するものではないものの、一定の目途を理解するのには有効であろう。

ところで、金融機関、年金や保険の運用においても、低金利の常態化（マイナス金利化）の影響でキャリー収益が減少しており、リスク性資産を保有する余裕がなくなってきている。従来、国債などの安定性資産から得られる利息などのキャリー収益等（国債売買差益等の獲得期待も含む）があれば、変動率の高さから一時的に損失が生じる可能性が高いリスク性資産であっても、その保有が許容されてきた。しかし、低金利が長期にわたり続くと、このような考え方が通用しなくなり、高リスク性資産への投資が、ますます回避されるようになってきている。低金利の常態化やマイナス金利の影響で、リスク回避姿勢が高まり、リスク性資産（高リスク商品）と中程度のリスク商品との間に、投資家の精神的な「リスクの壁」(17)が立ちはだかるようになっているのである。この現象は、日本に限ったことではなくグローバルなものであるが、特に日本の場合は顕著であろう。日本銀行は、ＥＴＦ等の資産買入によりリスク・プレミアムにはたらきかけると説明するが、一方でイールドカーブ・コントロール等により低金利環境を常態化させ、「リスクの壁」を、より高く、より厚くするという相互に反する対応をしているのである。

日本銀行のＥＴＦ購入後、変化する株式市場

日本銀行によるＥＴＦ購入額が拡大する間、わが国の株式市場の売買状況には変化がみられたのだろうか。日本銀行によるＥＴＦを介した日本株式購入が要因となって、株式市場が変質しているか否かの検証は、今後も研究者により詳細に分析されるものと思われる。ここでは、この間に、株式市場で発生した変化について、データにより確認しておきたい。

まず、日本銀行がＥＴＦを介して主として買い付ける東証１部の投資部門別売買状況から、２０１０年以降、顕著な変化が確認できる。ちなみに２０１０年の売買金額総額は６４５兆円であったものの、黒田東彦氏が日本銀行総裁になった２０１３年には１，２０３兆円にほぼ倍増し、その後は１，２００兆円前後で推移しているため（２０２０年は11月末現在で１，１８９兆円）、日本銀行の金融政策が積極化したタイミングで売買高が増加していると言える（ほぼ安倍晋三内閣総理大臣によ

(17) 詳しくは平山（２０２０c）23〜27頁参照。

図6　主たる投資部門別売買状況

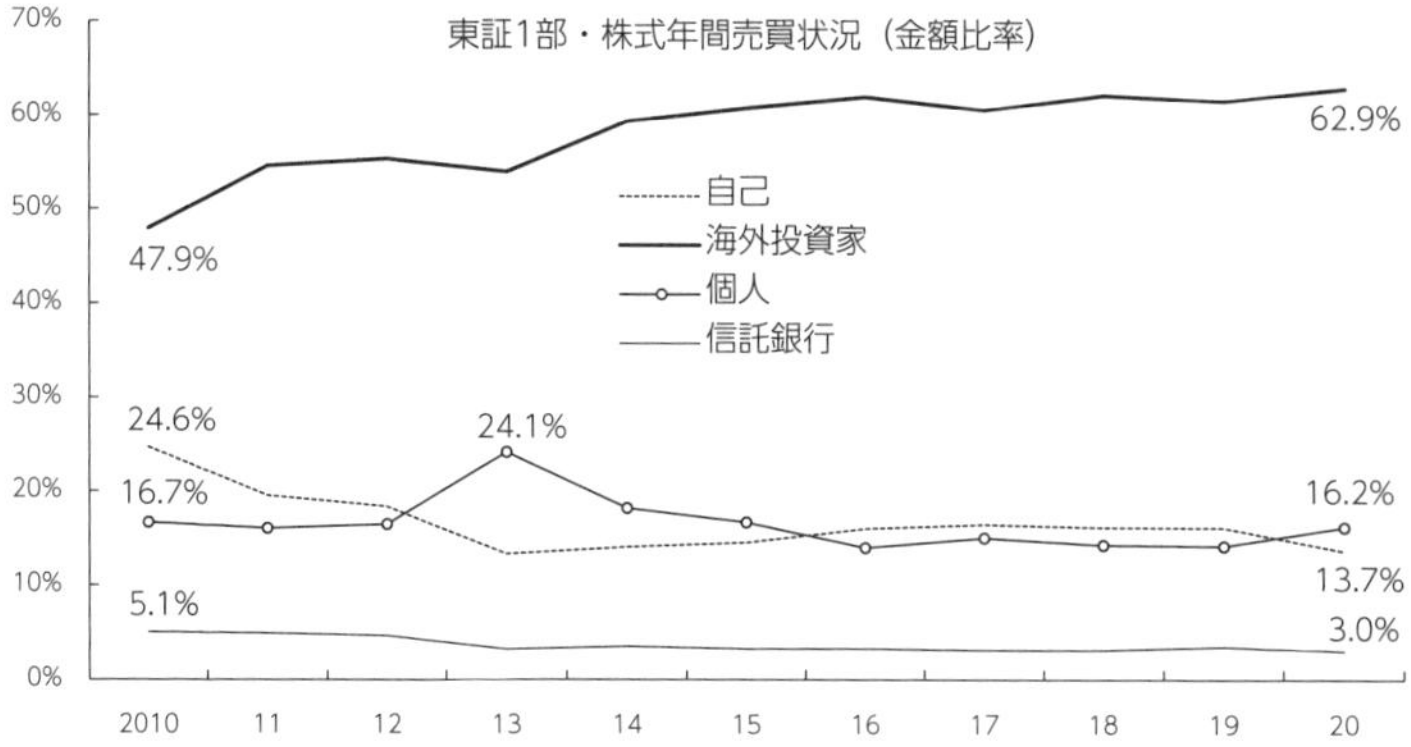

（出所）日本証券取引所グループ（2020年は11月まで）

るアベノミクスと同時期と言えよう）。この間、証券会社等の取引参加者が自己の計算に基づき取引所に発注する自己取引額が160兆円前後で大きく変化していないため、全売買高に占める比率（シェア）は大幅に減少している。**図6**をみると、2010年24・6％と、市場の売買高全体の4分の1を占めていたものの、2020年（11月まで）には13・7％まで低下しており、10％もシェアダウンになっている。証券会社等の取引参加者は、所属する会社の資金で売買益を積み上げる**プロップ取引**（Proprietary Trading）を行っているが、自己取引の主たるものはこのプロップ取引である（実際に売買に従事する人を一般にプロップ・ディーラーと呼ぶ）。逐次伝えられる情報や需給関係により、柔軟に売買を繰り返すことで、市場に流動性を供給する重要な役割を担っていると言ってよいだろう。この自己取引のシェアが低下しているため、市場全体を左右する影響力は低下基調にあると言えよう。

その分、シェアが拡大しているのは、顧客の委託に基づき取引所に発注する委託取引である。この自己取引と顧客からの注文による委託取引は、不正を防ぐために注文を取引所に出す段階から厳格に区分されているため、この変化を確認することができるわけである。それでは、この委託取引の中で売買高が増加しているのは、どのような投資部門なのか。興味深いことに、「個人」の売買高は、2010年107兆円から、2020年（11月まで）193兆円まで大幅に増加している。シェアは、同期間で16・7％から16・2％に微減となっているが、おおむねシェアを維持しており、個人投資家の動向は、いまや自己取引を行うプロップ・ディーラーを上回っているのである。メディアにときどき登場する「デイ・トレーダー（1日のうちに同一銘柄を売買して利益を積み重ねる投資家）」や「億り人（株式投資や暗号資産取引などで億単位の資産を築いた投資家）」などは、この区分に相当するが、特に2013年の売買高が、291兆円まで増加したことから、日本銀行のETF購入が積極化された時期に台頭したとの見方もある。

一方、比較的、長期視点での投資を実施するとされる年金資金の運用を委託されている信託銀行の動向はどうだろうか。売買額は微増だが、そのシェアは、同期間で5・1％から3・0％まで低下している。企業年金等では、株式をはじめとしたリスク性資産を減らし、オルタナティブ資産（プライベートエクイティ・不動産など）への投資比率を高めているため、日本株式市場での位置づけは低下してきていると言えよう。このような環境下で、最も影響力を高めているのは**海外投資家**である。2010年に309兆円だった売買額が、2020年（11月まで）に748兆円まで拡大し、そのシェアは47・9％から62・9％まで上昇している。つまり、東証1部の株式売買の3分の2は海外投資家により占有されており、その分だけ海外投資家の影響力が高まっていると言えよう。特に

２０２０年10月から11月にかけて2兆円近くの買越し（買付額から売却額を差し引いた額）となる中で、株価指数が大幅に上昇したため、株式市場の注目を集めたのも事実である。「日本銀行によるＥＴＦ保有額が累増するに従い、海外投資家が1兆円買い越す際の、株価指数の影響度が上昇している」との市場参加者の声も聞こえてくるほどである。

以上のように、過去10年間、株式市場での売買による資金流出入（フロー）では、海外投資家のシェアが高まっていることが確認できるが、株式保有額でも同じことが言えるのだろうか。第3章で、長期にわたる株式保有額（ストック）について確認するが、海外投資家の比率が高まっているのは間違いない点である。それとともに、日本銀行が購入するＥＴＦの影響も考えておくべきだろう。日本銀行が主として購入するＥＴＦは、東証株価指数、日経平均株価、ＪＰＸ日経インデックス４００であるが、ＪＰＸ日経インデックス４００のみが、東証1部銘柄以外を組入対象としている。２０２０年11月現在、ＪＰＸ日経インデックス４００は、東証2部1銘柄、日本最大の新興企業向け市場であるジャスダック市場銘柄4銘柄の計5銘柄（合計比率０・３％以下）以外はすべて東証1部銘柄である。前節で確認したように、日本銀行が買い入れるＥＴＦは、圧倒的に東証株価指数連動型が多いため、投資信託が組み入れる株式は、相対的に規模の大きい東証1部銘柄がほとんどになる。

図7は、市場別の投資信託による株式保有の推移を示したものである。（Ａ）市場第1部上場会社と（Ｂ）市場第2部等上場会社（福・札証単独上場会社含む）に区分した場合に、（Ａ）の区分における投資信託による保有比率（ＥＴＦ含む）が２０１４年度以降、急速に上昇しているのに対して、（Ｂ）の区分の場合には横ばいであるのが確認されよう。投資金額にいたっては、第1部上場会社へ

図7　上場市場別・投資信託保有比率および金額

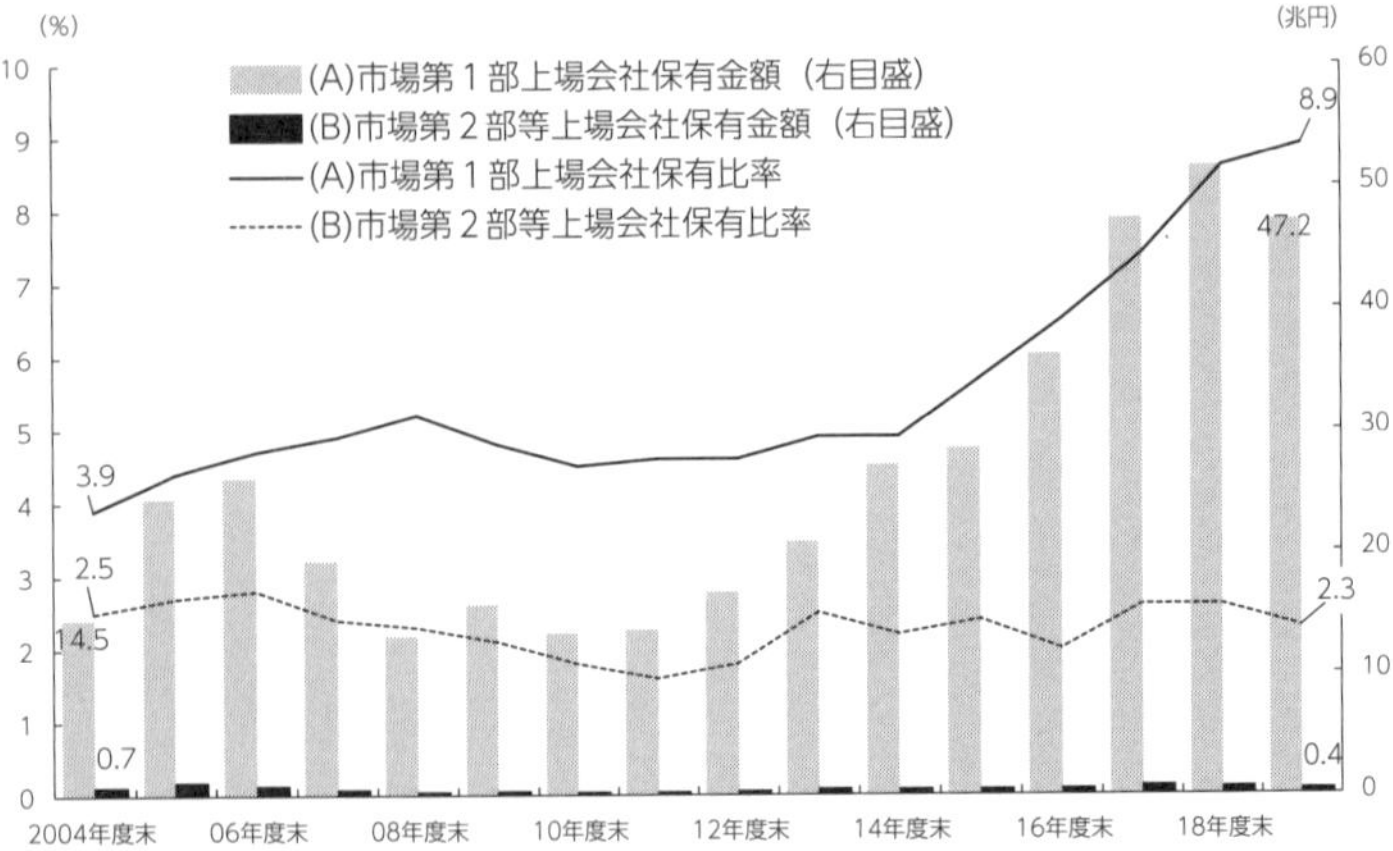

(出所) 東京証券取引所「株式分布状況調査」のデータを基に著者作成。

は、２００４年度末に14・5兆円だったものが２０１９年度末に47・2兆円へと3倍超になっており、日本銀行によるＥＴＦ購入効果が顕著になっていると想定される。一方、市場第２部等上場会社（福・札証単独上場会社含む）の投資金額は、２００４年度末０・７兆円が２０１９年度末０・４兆円となっており減少している。つまり、（Ａ）と（Ｂ）では、そもそも（Ａ）に区分される企業の時価総額に占める投資信託の保有比率が高かったものの、日本銀行によるＥＴＦ買入が強化されるに従い、その比率や金額が大幅に上昇し始めていると言えよう。日本銀行が投資するＥＴＦの対象企業の株式には、金融政策による大量の資金が購入資金として投入される一方、その対象に漏れた企業は、その恩恵に浴することができないという状況になっている。**企業の業績や経営に対応して選別されるのではなく、株価指数に採用されているか否かにより、民間企業の株式需給が決定され、中長期的に**

は資本コストに反映される可能性があるという現象が生じているわけである。金融政策による株式市場への流入資金量が小規模なものであれば目立たないものの、２０２０年12月末現在、上限12兆円（年間）という大量の資金が株式市場に流入するのは、行き過ぎかもしれない。

（Ａ）の区分は、そのまま東証１部と重なるわけではないが[18]、日本銀行が購入するＥＴＦが対象とする銘柄であるか否かで大きな違いが存在している。このことは、日本銀行が購入するＥＴＦが連動する株価指数の選択が、非常に大きな意味を持っていることを意味する。株価指数の銘柄選択基準は多様であるため、その基準により、日本銀行の資金が投入される企業が変化するからである。また、株価指数の組入基準は、指数プロバイダーにより決定されるため、日本銀行は受動的な立場である点も再認識すべきだろう。たとえば、東証株価指数の組入基準や区分が変更になれば、一定の移行期間が設けられたとしても、金融政策の及ぶ範囲が受動的に左右されてしまうことになる。発行体が１つである日本国債を大量に購入するのとは異なり、多数の発行体が存在する株式を購入する際には、その基準において不確実性が伴うわけである。

金融政策によるＥＴＦ選択は、金融機関や公的年金・年金基金等が、自己の責任において投資するＥＴＦを選ぶのとは異なる点に十分注意する必要があろう。主要な中央銀行が直接的な株式購入をためらい、さらに戦前・戦時期および１９６０年代の日本銀行も、直接的に株式市場から株式を購入し

(18) ２０２０年11月末現在、大阪証券取引所（日本取引所グループ）では株式現物を上場していないが、名古屋、福岡、札幌証券取引所では、単独上場銘柄も含めて上場されている。名古屋証券取引所第１部単独上場銘柄は４銘柄（２０２０年12月末現在）のため、（Ａ）の区分は、おおむね東証１部銘柄とみなせよう。

なかった背景は、このような問題を避ける智慧の賜であったのかもしれない。しかし、われわれの暮らすこの国の中央銀行は、このような歴史の智慧とは異なる選択を実施し、10年が経過している。この状況を嘆くばかりではいけない、所与のものとして、それではどうするかという点についても歴史の智慧に学ぶ必要があるのではないか。第2章では、そもそも市場介入は必要か否かを整理した上で、第3章では歴史の教訓を繙くことにしよう。

第 2 章

市場と国家

政府の市場介入は必要か？

1　経済成長と経済政策

低成長に耐えられずに介入を強化（高成長時代の残像と再認識）

日本銀行によるＥＴＦ購入の実態と影響について整理したが、一部地域を除くと主要国では、国家による株式市場への介入は行われていないのが現実である。それにもかかわらず、わが国の場合には、なぜ株式市場に政府・日本銀行の資金が注入されるようになったのだろうか。

日本の場合には、長期にわたり株価指数が低迷してきたことから、政府・日本銀行も問題意識を強く持っているという背景もあるだろう。ほとんどの国や地域で、株価指数は趨勢的に上昇しているものの、日本では１９８９年12月の株価指数を、30年以上経過しても超えてきていないため、焦燥感と使命感が政策当局者の間に共有されているとまで言うのは言い過ぎだろうか。２０１０年10月５日に日本銀行が発表した「『包括的な金融緩和政策』の実施について」では、「短期金利の低下余地が限界的となっている状況を踏まえ、金融緩和を一段と強力に推進するために、長めの市場金利の低下と各種リスク・プレミアムの縮小を促していくこととした。こうした措置は、中央銀行にとって異例の措置であり、特に、リスク・プレミアムの縮小を促すための金融資産の買入れは、異例性が強い。この点を明確にしたうえで、市場金利やリスク・プレミアムに幅広く働きかけるために、バランスシート上に基金を創設し、多様な金融資産の買入れ、およびこれと同じ目的を有する固定金利方式・共通担保資金供給オペレーションを行う」として、ＥＴＦの購入の背景が説明された。

日本銀行自身が指摘するように、リスク・プレミアム縮小のための金融政策は異例であり、回復しない経済状態、特に株価に代表される期待感に強くはたらきかけようとしたわけである。ここで言うリスク・プレミアムとは、第1章でも説明したように価格変動リスクの対価として上乗せされるプレミアム（収益率）のことであり、株式のように変動率の高い資産への投資では、より高い見返りが期待される。リスクが高いにもかかわらず、リターンが低いのでは誰も見向きもしなくなるため、ハイリスクなものはハイリターンであり、ローリスクなものはローリターンであると、ファイナンスの教科書には書かれている。このリスクに対する投資家等の姿勢は、経済環境により変化している。将来に対する期待が高まれば、積極的に価格変動等のリスクをとって、より多くの収益を得ようとするが、期待が萎《しぼ》むとリスク回避が蔓延してしまうのである。このような文脈で考えると、日本銀行のＥＴＦ購入は、株価が大きく下落するリスクを政策的に一時抑制して、投資家等のリスク回避姿勢を短期的に低下させようとする株価維持政策の1つであり、高いリスクがあってもリスク性資産を購入するという投資家のリスク許容度に長期的にはたらきかけるものではない点には注意が必要だろう。

ところで、政策当局者にとっての焦燥感と使命感こそが、経済史の側面からみた場合に、大いなる**「共同幻想」**に過ぎないと言わざるを得ないのではないか。株価の低迷や経済成長の停滞が普通の状態であれば、何も焦る必要はないからである。多くの人が描くイメージが高すぎるのである。長期的な経済社会の変化をみるならば、低成長は、短期間だけの現象とは言えない点は認識しておくべきだろう。

具体的な事例でみてみよう。第二次世界大戦後、一時期の高度経済成長期を除くならば、趨勢的に成長率は低下してきている。ＧＤＰ（国内総生産）は、物価上昇分を含むため、その成長率は、（物価が上昇する時代には）下駄をはいて高めに出てしまう。そのため、実際の成長を測るために、物価の影響を取り除いた実質GDPを基準にした実質経済成長率（以下、経済成長率と記した場合は実質経済成長率とする）を算出して確認すると、われわれが想定するほど経済成長率は高くないことが再認識できる。しかし、現在の政権担当者や政策決定者の世代（おおむね50歳代以上）は、この低下局面だけを経験してきたため、現在の低成長に違和感を抱いている。実際に行政を動かしている人々は、高度成長期の経験を基準に、1990年代以降の経済状態を比較せざるを得ないのは仕方のないことだ。一方、デジタル・ネイティブと言われる30歳代までの世代にとってみれば、高い成長率やインフレ率にこそ違和感を持つに違いない。つまり、**どの時点を基準に物事を判断するかによって、結論は変わってくるものである。安定成長を前提として20世紀半ば以降を異例な時期とみるのか、それとも20世紀半ばを基準に現在を異例な時期とみるのか。**

そこで、わが国の経済動向について、時間軸を拡張して確認してみよう。明治期以降のわが国の経済成長率（インフレ率の影響を除いた実質経済成長率）は、1940年代だけは第二次世界大戦の影響でマイナスに落ち込むものの、おおむね2％から4％の成長率のレンジ内に収まっていた。1950年代や1960年代は、戦後の復興による反動から経済成長率は10％前後まで高まり、わが国は高度経済成長期を謳歌したわけである。しかし1970年代以降は、趨勢的に経済成長率は低下し、現在は1％前後で低迷している。

図8は、経済成長と関連の深い人口動態の関係を考えるために、横軸を人口増加率、縦軸を実質経済成長率として、10年ごとにプロットしたものである。期間は明治維新後の1880年代から

図8　日本の年代別人口増加率・実質経済成長率

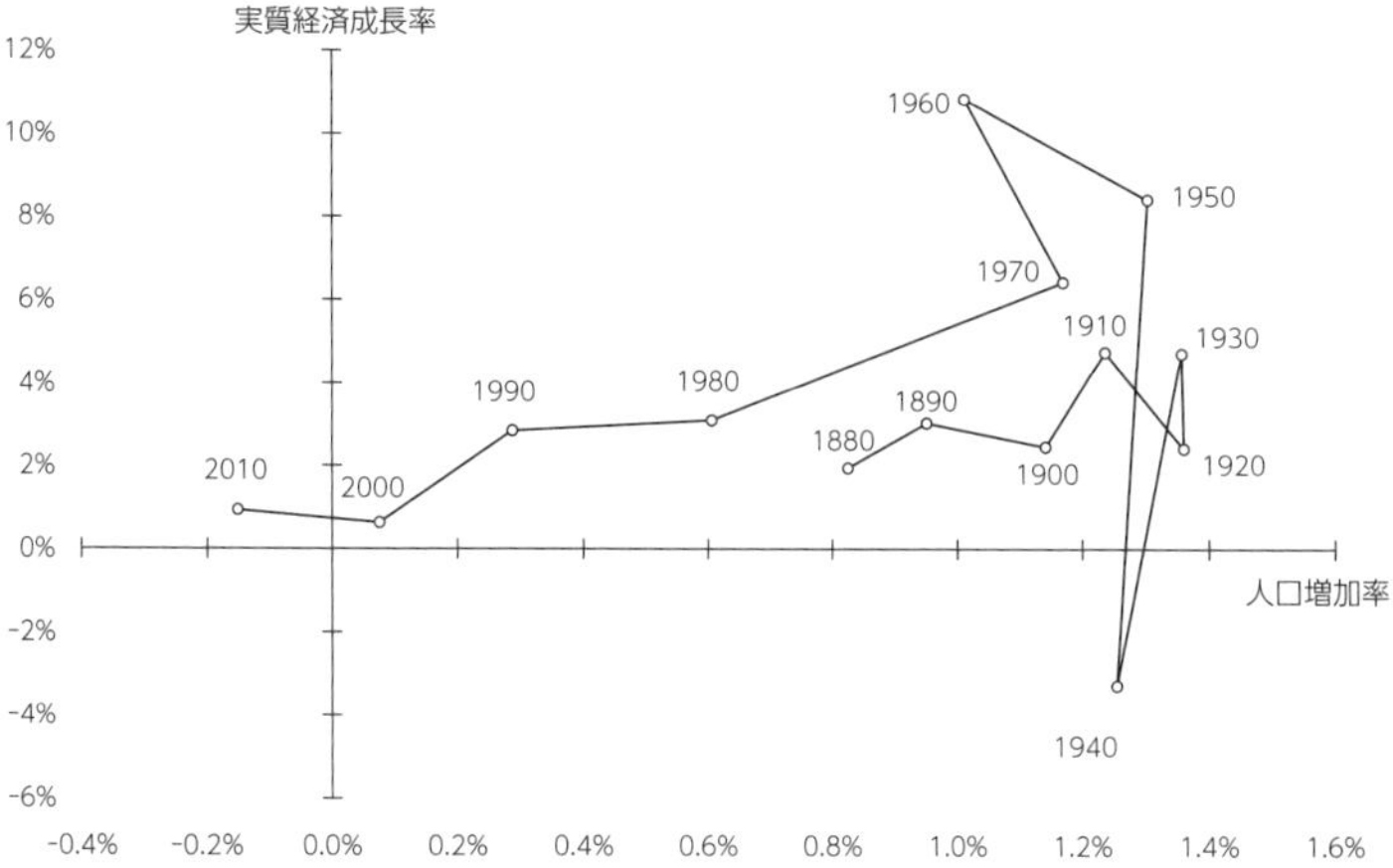

（注）年代推移、2010年代は2016年までのデータ。実質経済成長率は、2011年米ドルベース。

（出所）Maddison Project Database, version 2018.（参考文献を参照）を基に、著者作成。

2010年代（2016年まで）の推移を示したものであり、著名な経済史研究者であるアンガス・マディソン氏の研究を引き継ぐグループが公開しているデータベースに基づいている。[1] 大正期から昭和期（1912年から1926年）にかけて人口増加率は、一時的には1・6％程度まで近づく年もあり、1920年代および1930年代は、1・3％強のペースで人口が増加していた。しかし、第二次世界大戦で多くの戦死者が記録され、人口増加率は低下するものの、終戦後のベビーブームで盛り返しを見せる。このベビーブームにより、有名な「団塊の世代」が誕生している。その後、人口増加率は低下基調に転じ、1880年代以降の人口増加率

(1) Maddison Project Database, version 2018. 詳細は参考文献参照（2011年米ドル基準）。

の平均０・９１％を、１９７０年代から１９８０年代にかけて下回り、さらに２０１０年代にはマイナスに落ち込んでしまった。現在のわが国は、人口減少社会に陥っており、19世紀初頭の０・１％程度の水準を下回っている。過去２０００年超でも最低の変化率になっている点は注目すべきであろう。

人口増加率が高ければ、それだけ多くの消費需要や設備投資需要が生じるため、経済の拡大ペースは速まるはず。**図8**でも、第二次世界大戦期を除けば、人口増加率と経済成長率が比例関係にあり、右肩上がりの関係がイメージできるだろう。第二次世界大戦後に生まれた多くの人々は、衛生状態や医療環境の改善、さらに食糧事情の劇的な向上により死亡率が低下し、戦後の経済成長を支える働き手となって、高成長に貢献してきた。しかし、団塊世代に代表される人口のボリュームゾーンが退職を迎え、年金世代入りしたため、わが国の**生産年齢人口比率**（15歳以上65歳未満人口の総人口に対する割合）は１９９２年に70％程度でピークアウトし、現在は60％程度まで低下している。反対に65歳以上の高齢者の比率は30％に迫る勢いであり、経済成長率も１％を下回るようになっているのである。国際連合の中位推計では、２０５０年にはわが国の人口増加率はマイナス０・５％を下回るとされており、人口増加率の観点からは経済成長にとって下方圧力がはたらくことが予想される。[2]

このような経済史の趨勢を、長期的な時間軸から確認するならば、20世紀の初頭から１９７０年代までが異例であり、現在は19世紀前半の状況に近づいていると言ってもよいのではないか。いつまでも高度経済成長期を基準に考えるのではなく、より納得感のある安定的な経済成長水準を前提に考え

(2) 拙稿「低成長・カネ余りという新常態」『日経ヴェリタス』２０２０年11月15日参照。

ていくべきだろう。つまり、**金融政策を活用して、過度に高い経済成長を期待した政策を無理やり実施するのではなく、危機時の避難的対応（もしくは景気変動抑制的対応）を主軸に捉えていくことも視野に入れる必要がある。**日本銀行によるＥＴＦの購入も、２０１０年12月の購入開始以来10年間でその額が段階的に増加してきたが、１９５０年代から８０年代に至るような10％を超える株価の上昇を求めるべきではないだろう。低成長に耐えられずに市場介入してきたものの、高成長時の幻影に惑わされて、過剰な介入を続けるのは「共同幻想」にうなされた所業と言わざるを得ないだろう。

もちろん経済成長率は、人口増加率や生産年齢人口比率に代表される労働人口増加率とだけ関連し合っているわけではない。労働生産性の上昇や資本増加率（貯蓄率）とも関連しているのは事実である[(3)]。この点については、世界全体の観点から以下で確認してみよう。

常態化する世界規模での低成長

長期的視点から**図9**を確認してみても、世界の人口と経済史をデータから繙いてみても、人口増加のペースは緩慢化しており、低成長経済の常態化は避けられないようだ。低成長を前提とするならば、高い経済成長を前提とした経済対策を続けることは不毛であり、このような観点から、日本銀行だけではなく、世界の中央銀行も身の程を弁《わきま》えた金融政策を実施すべきと言える。

世界規模でより長期の人口増加率と経済成長率の関係を確認してみると、おおむね人口増加率が高

---

(3) 佐伯（２０２０）３０８頁。

図9　世界実質経済成長率と人口増加率

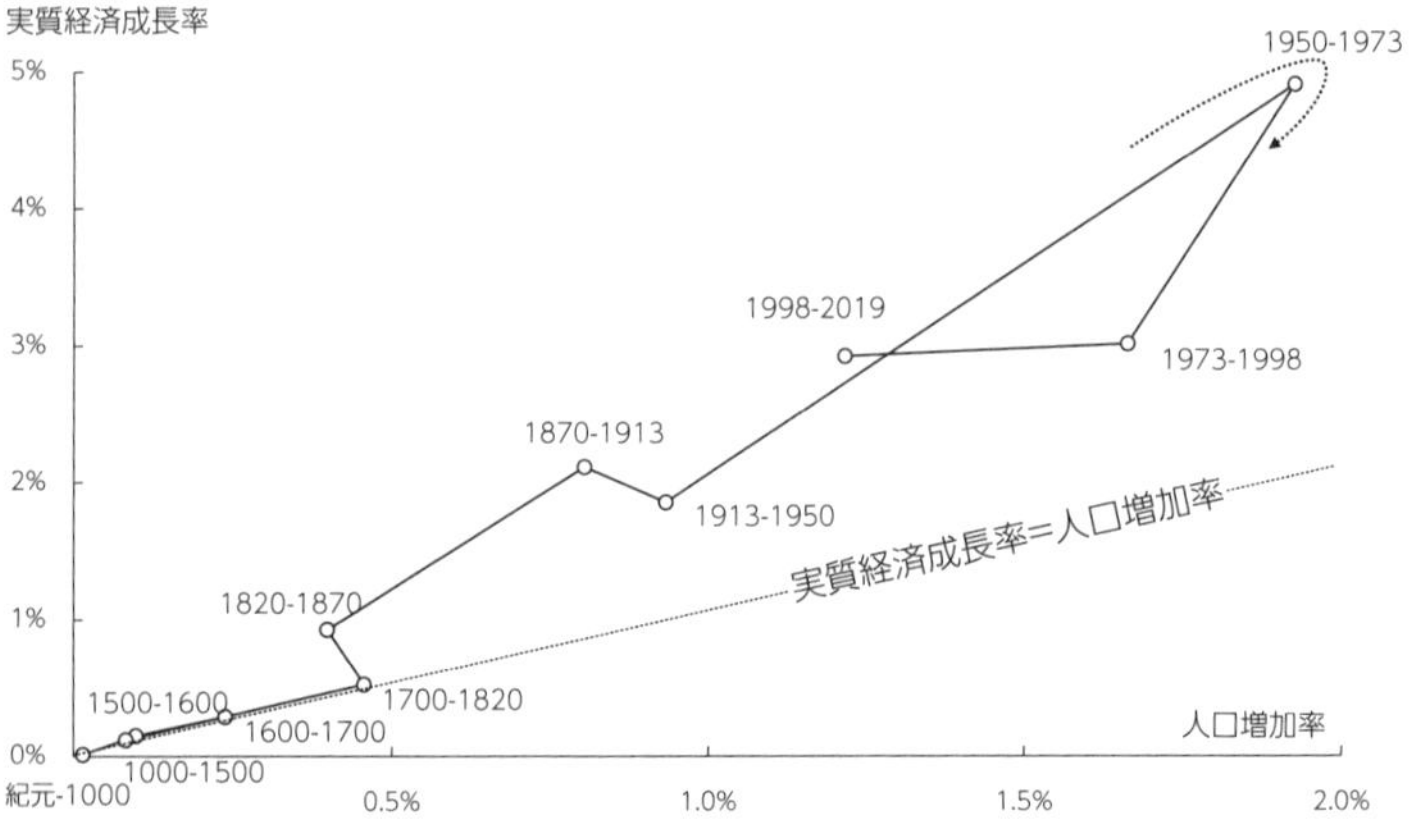

(出所) OECD、世界銀行および国際連合のデータを基に著者作成。

まる中で、経済成長率も高まってきたという関係を見出すことができる。この関係は、非常に理解しやすい関係と言えるだろう。繰り返しになるが、人口増加ペースが速まれば、それだけ経済規模の拡大テンポも加速すると考えられるからである。先述したアンガス・マディソン氏を中心とした研究は非常に貴重であり、両者の関係を概観することが可能だ。紀元から20世紀にかけて、人口増加率が０・０２％から２％弱まで増加する中で、経済成長率は、０・０１％から５％弱まで上昇している。人口増加率は、意外と低いものの、物価上昇などの影響を除いた実質的な経済成長率は、人口増加率を大幅に上回ることが確認できる。人口増加率のピークが２％程度であるのに対して、経済成長率は５％程度まで上昇しているからである。これはなぜなのか。

　興味深いことに、紀元から１８２０年までは、両者が同水準で推移していたものの、１８２０年を境に、人口増加率よりも経済成長率が大きく上昇するようになっている。**図9**では、19世紀初頭の1820年までは、人口増加率と経済成長率が等しくなるように引いた直線上でおおむね推移しているものの、1820年から1870年の期間には、人口増加率が0・5％弱に対して、経済成長率は1％弱まで大幅に上昇しているのが確認されよう。そして1820年以降は、経済成長率は、人口増加率の2倍程度まで跳ね上がって推移。人口と経済の関係が、1820年を分岐点として、異なる局面に入ったと考えることも可能だ。これは、19世紀に入り、石炭等の化石燃料を活用することで、労働生産性が上昇したためと考えられよう。産業革命の効果が、社会全体に行きわたったため、生産性上昇が大きく経済成長率にプラスにはたらき始めたのが19世紀初頭と捉えられるのである。結果として、人口の増加ペースよりも経済成長テンポが速くなるため、1人当たりGDPも上昇した。

また、人口増加率は、少し遅れて1870年以降に、それまで越えられなかった0・5％の壁を越え、その後2％水準を目指す。この背景には、19世紀から20世紀にかけての生活面での衛生状態の向上や医学の発展による幼児死亡率の低下と、**農業革命**による食糧供給の安定化があったと考えられる。特に第二次世界大戦後には、灌漑農業・農業機械の浸透、品種改良の発展、そして化学肥料の拡散といった農業革命により、少人数の農業従事者であっても効率的に大量の食糧を生産できるようになったことが大きく影響している。従来、農地面積がボトルネックとなって収穫拡大が難しかったものの、農業革命は、単位面積当たりの収穫量を加速的に高めることで、食糧供給を急拡大することに貢献したと言えよう。

この食糧供給の変化が、人口増加率の2％水準までの上昇を支え、人口増加率の加速を促したと考えることが可能である。よく指摘される「幾何級数的に増加する人口と算術級数的に増加する食糧の差により人口過剰、すなわち貧困が発生する。これは必然であり、社会制度の改良では回避され得ない」とする**マルサスの罠**を乗り越えて、人口増加が可能になったわけである。これは、人口が倍々ゲームのように幾何級数的に増加するのに対し、食糧は段階的に徐々に増加するため人口が過剰になってしまうというものであり、食糧増加の限界が人口増加の制約をもたらすというもの。この限界が産業革命を起爆剤とする農業技術革命により取り除かれたことで、人口増加率が歴史上発生しなかったペースで急激に上昇したのが19世紀から20世紀半ばだったのである。

ところが、経済成長率と深い関係にある人口増加率は、1950年から1973年にかけてピークアウトしていた。われわれは、今でも中国やインドをはじめとした新興国を中心に人口は増加し、人口増加率も大幅に上昇しているというイメージを持っているはず。確かに、世界の総人口は70億人を上回り、2050年代には100億人を上回る勢いだ。だが**人口増加率をみると、1968年の2・1%をピークとして低下しており、2019年は1・1%を下回っている。この人口増加率と歩調を合わせるように、世界の経済成長率は、1964年に7%前後まで高まったものの、2019年には2%台前半にまで低下している**のである。

今後、世界の人口増加率は、[4] 2030年は0・8%、そして2040年には0・7%を割れると推定されており、この推移に沿うならば、世界の経済成長率は1%台となるだろう。低位であると考え

(4) 本章の人口に関するデータは、国際連合中位推計(2019年改訂)による。

られている現在の経済成長率を大幅に下回るわけである。

一方、生産性改善については、どうだろうか。近年の情報技術革新は、20世紀前半に加速した雇用増効果を生む技術革新とは異なり、経済全体の生産性向上は期待しがたい[5]との見方があるように、多くの雇用が創出されるような展開が期待しづらいのが現在の情報化が進む世界であろう。21世紀の最初の10年間で経験した中国での中間所得層の増加は、大いに世界の経済成長率の底上げに貢献したものの、いま中国の生産年齢人口比率が2010年にピークアウトしていることからも、今後の見通しは明るくない。

また、資本増加率（貯蓄率）については、資金余剰下で設備などの資本ストックへの投資が活性化しないことが問題になっている。経済成長率を上回るペースで伝統的運用機関の運用資産規模が増殖していることや、世界中の中央銀行が潤沢な資金（ベースマネー）を供給しているにもかかわらず貨幣乗数が伸びないことが確認されよう。投資に回せる資金が潤沢にあるものの、それを活用する資本需要に乏しいということは、資本が成長ための制約になっていないということだ。たとえば、フローデータとストックデータの違いはあるものの、2008年から2018年の10年間で世界のGDPは1・3倍になっているのに対して、保険・投信・年金といった伝統的運用機関の資産規模は、同期間で1・8倍になっている[6]。多くの国や地域の国債利回りがマイナス圏に沈み込んでいる点も、カネ余

(5) 詳しくは、Cowen（2011）参照。また、産業構造が二次産業に移行する過程の生産性の拡大と、金融技術の発展によるレバレッジの活用が、従来の高成長の背景にあったが、一部の地域を除いて、この拡大要因が剝落してきているとの見解もある。
(6) 詳しくは、平山（2020c）iii頁参照。

りの証拠と言えよう。従来は資金不足が設備投資のボトルネックになっていたものの、現在は資本ストックが増進して経済成長率を上昇させるサイクルがはたらきにくくなっているのである。

つまり、労働人口増加率だけでなく、労働生産性や資本増加率の観点からも、今後の経済成長率の上昇は、世界規模でも期待しづらいとは言えまいか。この前提に立つと、**20世紀の高成長の幻影を前提とした、過剰な経済政策は、異例と定常をはき違えた対応になる可能性がある**と言えよう。このように考えると、わが国の日本銀行によるETF購入についても、経済成長や物価上昇率の目標を高く掲げすぎることで、危機対応型のオペレーションとして実施する規模を超え、持続的に株式残高を積み上げるような過大な政策は回避すべきかもしれない。この点につき、わが国の経済成長と株価の関係は歴史的にどのように変化してきたのだろうか。以下では、明治期以降の経済成長率と株価変化率について確認しておこう。

高成長時代の株価と低成長時代の株価（謙虚さのすすめ）

高い経済成長率を誇った時代には、株価変化率も高い傾向があった。この動きについては、歴史の流れを整理すると、理解しやすい。**図10**は、1880年代以降の日本の経済成長率（年率換算）と株価変化率（年率換算）の推移である。

経済成長率については、マディソン・プロジェクトによるデータベースに基づいているため、戦前期には対米ドルで円安、戦後期は円高であった点は若干割り引いて考える必要はある。株価変化率については、1930年代までは東京株式取引所株（旧株）の権利落修正後株価、1940年代は東京

図10 日本の年代別実質経済成長と株価変化（年率）

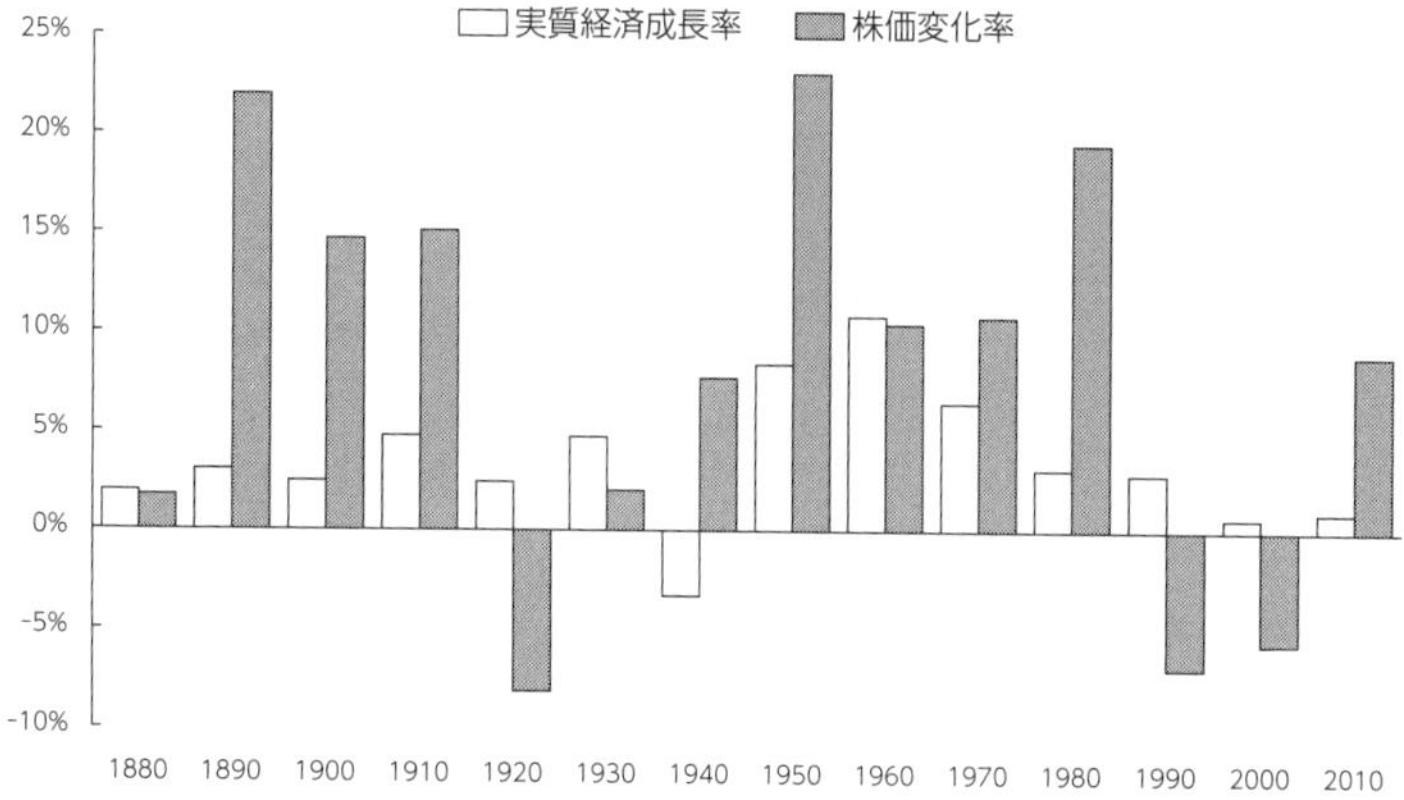

（出所）実質経済成長率は、Maddison Project Database, version 2018.（参考文献を参照）を基に、著者作成。株価変化率は、1930年代までは東京株式取引所株（旧株）の権利落修正後株価、1940年代は株価指数（新指数）東京株式取引所調べ、1950年代以降は日経平均株価から算出。配当は含まない。なお、2010年代は2016年まで。

株式取引所調べの株価指数（新指数）、1950年代以降は日経平均株価から算出しているが、いずれも配当は含んでいないため、正確な投資成果を表したものではない。また、1930年代までは、個別銘柄である点から、個別企業（取引所株が上場しており、最も売買高が多い主要銘柄の1つであった）の業績が大きく反映されたものになっているが、投資成果に大きな影響を与えた既存株主への割当増資の効果を調整している。(7) 1940年代の東京株式取引所調べの株価指数（新指数）は、戦前と戦後をリンクさせた指数ではあるものの、フィッシャー理想算式によるものであるため、売買加重平均型の指数である点には、注意が必要である。

(7) 詳しくは、平山（2019）112～130頁参照。特に、明治期の1880年代と1890年代の権利落修正後の株価上昇率は非常に高くなっている。

戦前・戦時期の経済成長率は、第一次世界大戦時の好景気を反映した1910年代と、重工業化が進展した1930年代が相対的に高く、主要国からの禁輸措置等で物資不足が生じた第二次世界大戦期およびその敗戦の影響から1940年代はマイナス3％超まで低下している。株価変化率については、1890年代および1900年代に株主割当増資が頻繁に実施されたため[8]、東京株式取引所株の株価変化率が個別銘柄要因として過大に上昇している可能性があるが、戦時好況に沸く1910年代は、物価上昇要因も手伝って、経済成長率を大きく上回ったと考えられる。米国をはじめとした世界の株式市場の上昇は、第一次世界大戦が終戦を迎えた後の復興需要期であり、1930年代にニューヨーク株式市場が大暴落を演じることから、1920年代はバブル的様相が濃くなったと考えられる。わが国の場合には、1910年代が、主に欧州の戦時需要を引き受け、実態以上に期待感が高揚していたため、株価のバブルを生んだと考えられる。そのため、関東大震災や昭和金融恐慌の影響が大きかった1920年代の株式市場の不調は顕著であり、経済の実態を大きく下回る株価変化率となったのである。

興味深いことに、この時期の株価下落率は、昭和末期の資産バブルが崩壊した1990年代に匹敵している。続く1930年代の経済成長率は、高橋是清蔵相による**金輸出再禁止**による円安や財政拡大政策の影響から1910年代並みに上昇したものの、株価変化率は相対的に劣っている。これは、1930年の金解禁時（金本位制復帰時）に株価が大きく下落した影響が大きい。**注目すべきは**

(8) 株主割当増資は、1890年代に3回、1900年代に2回実施されているが、1910年代には1回に減少している。

1940年代の経済成長率がマイナスに陥ったものの株価変化率は逆に大幅に上昇している点である。終戦後の物価上昇要因が影響しているものの、戦時末期にも大幅に株価が下落しなかったためと考えられる。この時期には積極的な政府による株式市場介入が実施されていることから、経済実態以上に過剰に株価を維持したと考えることも可能だろう。この点については、次章で詳述する。

戦後復興期以降の経済成長は、1960年代の高度経済成長期に年率10％を上回る水準まで大幅に高まったものの、その後は趨勢的に低下基調で推移している。1950年代は、資産再評価益の計上や、ドッジ不況後の金融機関による株式保有比率引上げを背景に、株価は大幅に上昇し、経済成長率を大幅に超えている。意図的な株式市場介入ではなく、企業の資本構成にかかわる影響が大きかったものと考えられる。株式変化率は、1960年代は経済成長並み、1970年代は物価上昇も影響して経済成長率を上回るが、1980年代は、経済成長率は低調であるものの資産バブルの影響から大幅な上昇となり、1990年代はその反動・バブル崩壊により、マイナス圏に落ち込んだ。

続く2000年代以降は、低位の経済成長率を受け入れなければならなかったが、2000年代と2010年代の株価変化率は好対照である。2000年代が、グローバル金融危機の影響もありマイナス圏であったのに対して、2010年代は1960年代もしくは1970年代の水準まで近づくのであった。**2010年代は、低成長にもかかわらず、高成長期と同じ水準にまで株価変化率が上昇している点は、2000年代の反動とは言え違和感があるだろう。**日本銀行によるETF購入は2010年から始まるが、特に2013年以降の積極的な株式ETF購入に加え積極的な金融緩和と歩調を合わせるように、株価変化率は上昇しているのである。確かに、2010年代の株価の上昇は、世界的現象であり日本だけの話ではないが、経済成長率を上回る株価変化率を生じている背景が、民間部門の自律的な経済活動に伴う期待感の増殖やバブルではなく、公的部門による政策的意図に伴うテコ入れの効果であった点も注意すべきである。

もちろん、コーポレート・ガバナンスの強化や、一定程度の企業の業績向上により、わが国の企業体質の向上が図られたことも事実であろう。このような地道な努力と、金融政策による過大な株価維持は峻別して考える必要があろう。実際に以下に記すように、日本企業のファンダメンタルズ（国や企業などの経済状態などを表す基礎的条件）は改善しており、マクロ経済を凌駕したものと考えられる。この部分が株価上昇に貢献した部分もあり、過度に神経質になってＥＴＦ買入を実施する必要はなかった可能性もある。

日本企業の実態は弱いのか？(9)

日本企業の実態を観察すると、企業体質が弱体化しているとの見方は、バイアスがかかり過ぎているとの感を強くする。確かにマクロ経済の後退は、人口動態から一定程度説明可能であるが、企業のファンダメンタルズを左右する企業活動は日本に限っているわけではないからだ。グローバルな需要を吸収して成長している企業も存在しているため、日本企業にマイナスイメージを貼り付けてみるのは、政策的誤解と誤謬を呼んでしまうので避けるべきである。日本企業に対する過小評価は、政策に

(9) 拙稿「日本企業はコロナに弱いのか？」『日経ヴェリタス』２０２０年7月12日参照。

対する過大期待を生み、特に金融政策による株価維持ならぬ株価上伸につながったと捉えることも可能だ。より足元の企業の実態を観察する必要があると言えよう。

たとえば、企業の安定性と効率性を示す指標として、**自己資本比率**と**資本利益率**がある。この2つの指標を活用して、現在の日本企業の位置づけを確認すると、意外な側面が浮かび上がるのである。自己資本比率は、総資産に対する自己資本の割合を示し、銀行からの借入や社債といった負債にどの程度頼らずに経営できているかを示す指標である。返済しなければならない負債とは異なり、返済不要の自己資本の比率が高いということは、会社の経営は安定し、倒産しにくい傾向があることを意味する。そのため、自己資本比率は、安定性の指標と言える。一方、資本利益率は、ROE（Return on Equity）と称されることが多く、企業が資本をどれだけ効率的に利用して、利益を計上しているのかを示す収益性の指標だ。この数値が高ければ、株主から託された資本を効率的に活用して利益を出している企業と言えよう。この2つの指標をみるにあたっては、戦前期から一貫した日本企業データを取得するのは難しいため、いくつかのデータをつなぎ合わせて、その傾向を確認してみたい。新型感染症拡大ショックのような大変動が発生したこともあり、より長期のデータで、現在の位置づけを確認する意味が大きいはずだ。

まず自己資本比率は、**図11**を確認すると、第一次世界大戦の好況後に、70%台という高水準を記録していたものの、第二次世界大戦にかけて、低下基調で推移し、1942年には50%を下回っている。戦時統制の強化とともに、銀行等から資金を調達する借入金が増加し、投資家から資本を調達する割合が低下したわけである。この時の銀行融資中心の資金調達パターンは、戦後も引き継がれたため、

図11　自己資本比率推移（%）

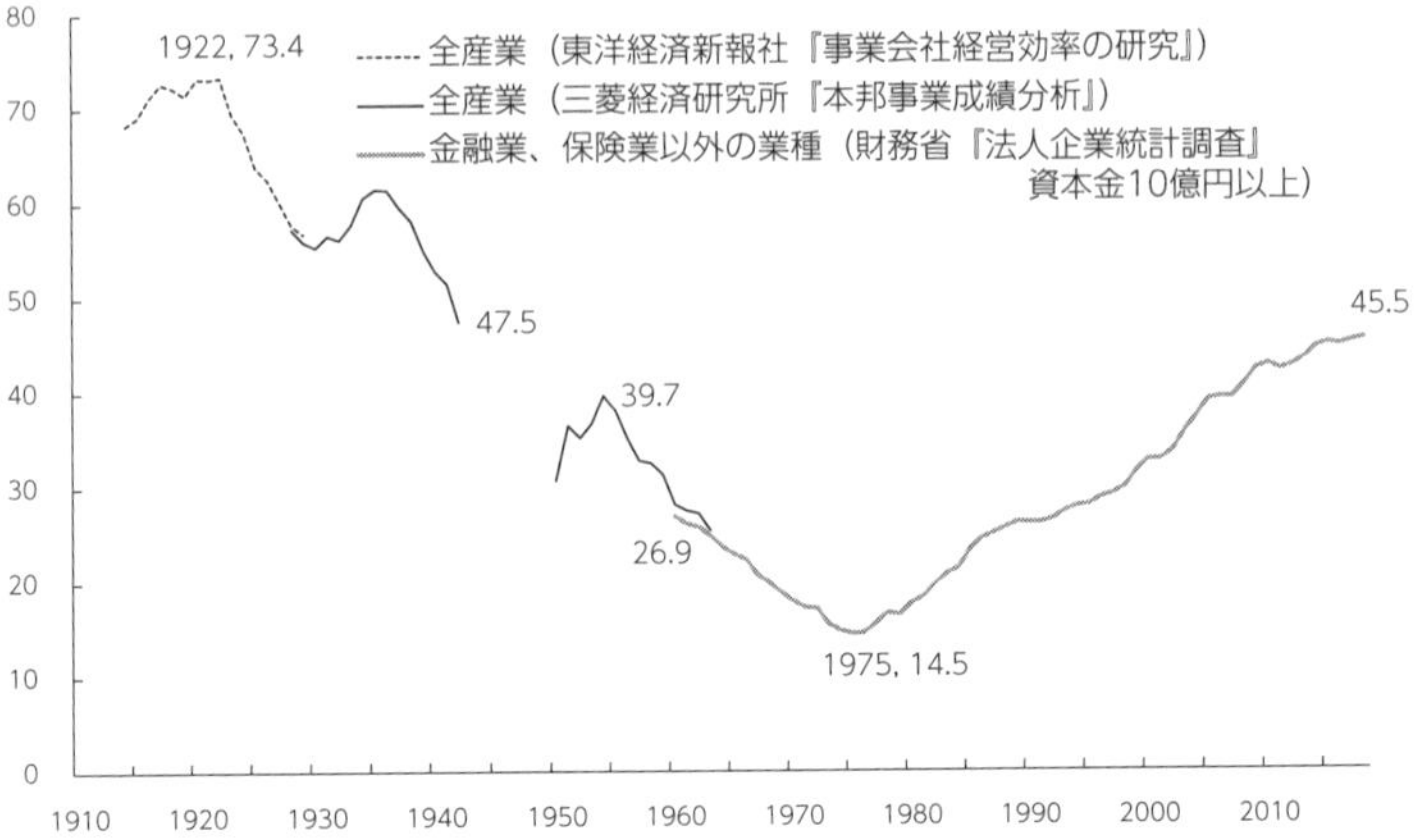

（出所）日本銀行統計局（1966）『明治以降本邦主要経済統計』、および財務省『法人企業統計調査』。

高度経済成長を経て１９７０年代半ばまで自己資本比率は低下し続ける。驚くべきことに、１９７５年には、自己資本比率は15%台を下回るまでに落ち込み、企業の資金調達の主役は、間接金融が大部分を占めるようになった。一方、企業で蓄積された剰余金等の内部留保の増加は、その後１９８０年代以降の自己資本比率の上昇基調を支えることになった。さらにバブル崩壊以降は、負債による設備投資を抑制する保守的な経営が主力化したため、自己資本比率は上昇。２０１８年度には、戦後最高水準の50%に迫る水準まで自己資本比率が上昇しており、近年の米国企業が負債を拡大して自社株買いに走るのとは一線を画し、安定性が高まっていると言える。**社会経済的変動が大きくなり、将来の不透明性が高まる昨今、企業財務のサステナビリティ（持続可能性）という観点から日本企業は、再評価される対象になり始**めていると言えよう。新型感染症拡大後を考える

図12　資本利益率推移（%）

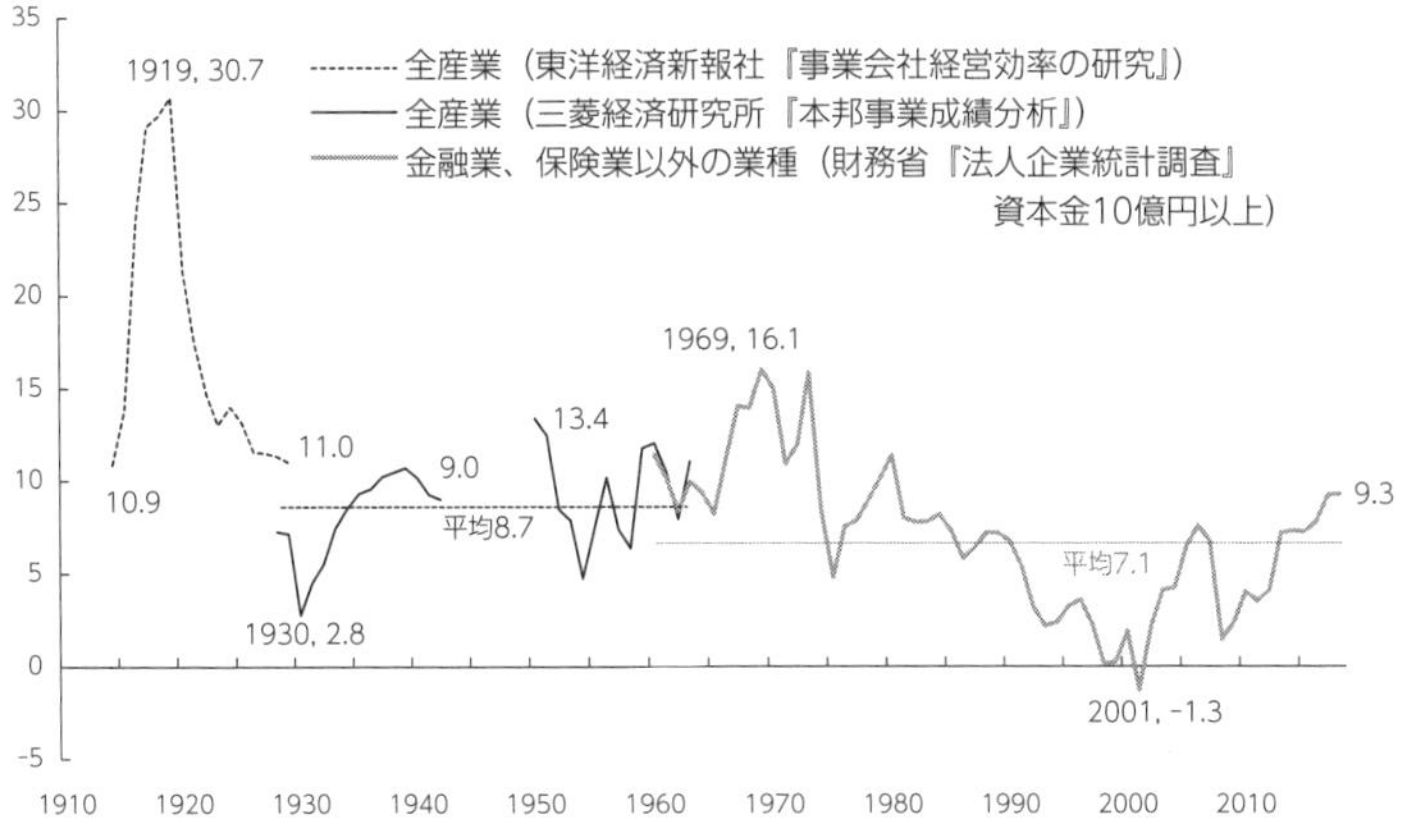

（出所）日本銀行統計局（1966）『明治以降本邦主要経済統計』、および財務省『法人企業統計調査』。利益は、税引後当期純利益。なお、『事業会社経営効率の研究』における利益は固定資産償却前（税引・税込は原資料では不明とあるが、営業報告書作成の会計手法と照合し税引後を確認）。

上でも、経営の安定性が確保されやすくなっている日本企業は、全体としてみれば強くなっていると言えそうだ。

次に資本利益率だが、**図12**を確認すると、第一次世界大戦の好況に支えられた1919年には、30%を上回るまで大幅に上昇している。大正期の純利益データが償却前の数値であるため、高めに算出されている点に注意が必要とは言え、償却額割戻修正した20%前後でも、過去100年では最高水準の利益率であった。その後1930年には、世界恐慌が影響して2・8%までの低下を余儀なくされる。第3章で詳しくみるように、日本銀行の国債引受をはじめとする金融緩和等を追い風に1939年には10・7%まで回復した。その後は高度経済成長により1969年に16・1%を記録するものの、オイルショック、バブルの発生およびその崩壊を経験する中で落ち込み、2001年にはマイナス1・3%となった。重要な点はこののち、わが国の資本利益率は上昇基調に転じ、9・3%まで回復しているのである。

興味深い点は、21世紀に入ってからの日本企業は、自己資本比率が上昇する安定化局面にもかかわらず、資本利益率も同時に上昇している点だ。時系列で比較すると、近年の日本企業は、安定性を高めつつ収益構造が好転している点は再認識すべきだろう。確かに新型感染症ショックの影響で一時的な後退はあるものの、総じて企業のファンダメンタルズは、相対的に改善してきているのである。冷静にこのような状況を認識するにつれ、政府は、マクロ経済の低成長が常態化しているものの、企業体質が頑健になりつつあるという実態を把握した上で、政策的な対応を図るべきだろう。株式市場への過度の介入は、企業の真の姿を覆い隠すものでしかない。しかし、市場が不安定になればなるほど政府はその変動を抑え込むために、市場に介入することを余儀なくされる。

この市場に対する過度の政府介入は、どのような環境下で歴史的に実施されてきたのだろうか。次節では、歴史的な政府介入のパターンを確認することで、人口増加率が低下する中で、低成長が常態化しつつも、企業の体質が改善する現在と将来に対するわれわれの姿勢を謙虚に見つめてみたい。

2 振り子の政治経済

「振り子」で考える20世紀の金融史

政府は、なぜ金融市場に介入するのだろうか。この動きについては、歴史の流れを整理すると、理解しやすい。結論を言えば、時代の局面局面で、政府の介入が強化される時期が繰り返されており、いまに始まったことではない点を理解すべきであろう。金融市場は、自由な売買、規制を受けない取引により、適切な価格と取引量が決まるべきであるという考えがある一方で、必ずしも、そのような純粋な取引だけで市場が運営されてきたわけではない。有名な経済学者であるアダム・スミスの示す「神の手」により、市場価格が決定するのは、一定の条件が整った限定された場合であり、歴史を繙くと、政府や権力者による干渉や介入は、多かれ少なかれ存在している。

この視点から、**20世紀以降の金融の歴史を簡単にイメージするならば、2つの振幅を繰り返す振り子時計の「振り子」で考えるとわかりやすい**。金融は、時を刻む振り子時計のように、数十年ごとに、右へ振れ、そして左に振れるように振幅を繰り返してきたのである。「振り子」は、左へ振れる時（**レフト・スウィング**）と右に振れる時（**ライト・スウィング**）では金融市場の状況が大きく異なる。もちろん、ライト・スウィングの時代だからといって、いつも同じことが起こるとは限らないが、金融市場と政府の関係は、共通しているのである。金融市場と日本銀行の関係を考える際にも、参考になる点は多いと言えよう。

図13 「振り子」で考える20世紀の金融史

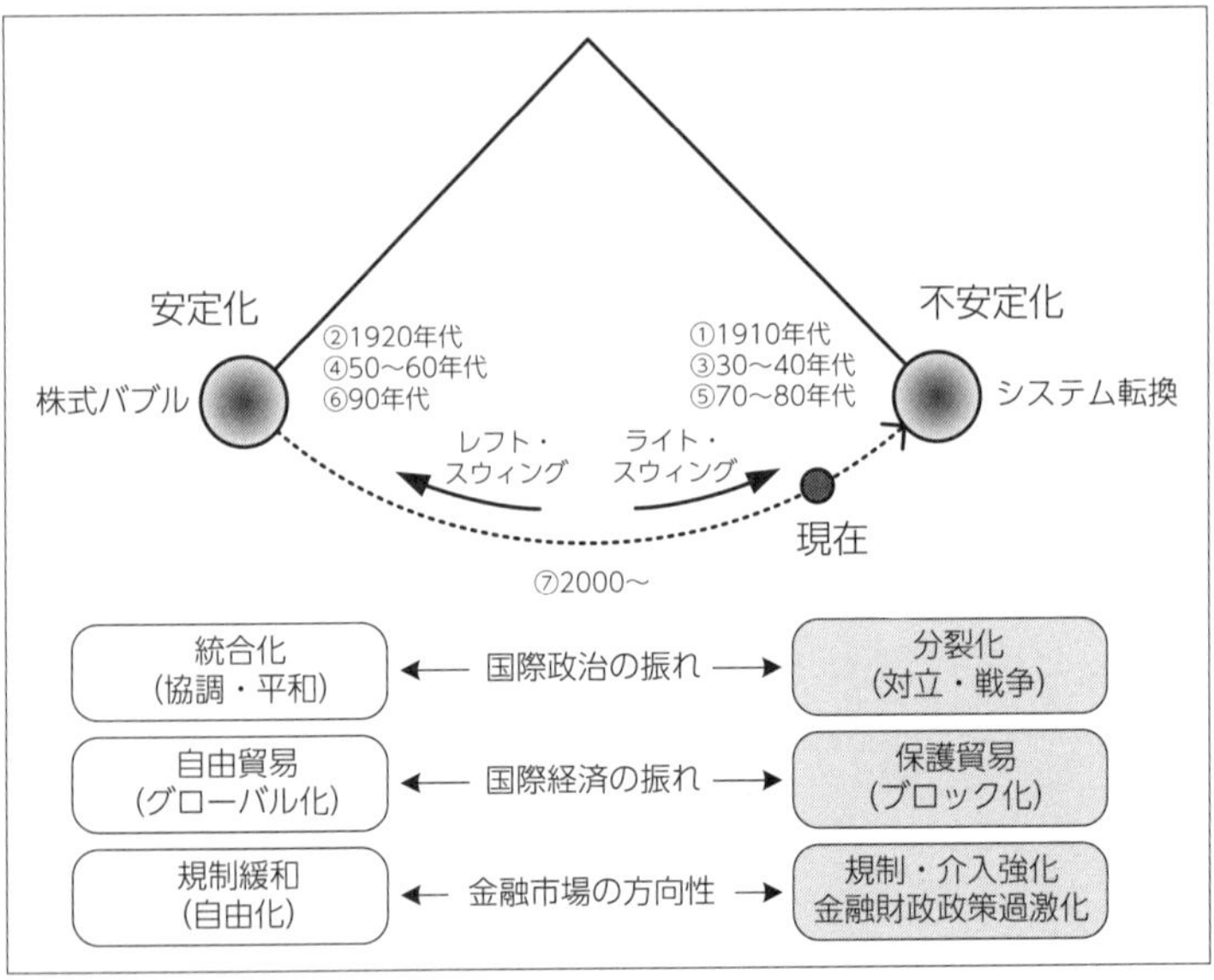

（出所）著者作成。

それでは、左右へのスウィングは、どのような特徴があるのだろうか。**図13**を参考にしながら解説しよう。まずレフト・スウィングの時代は、企業などの民間部門が主役の時代である。江戸時代であれば、商人が生き生きと活躍した時期と言ってもよいだろう。自由な経済活動で成長を謳歌し、活気にあふれた雰囲気を醸し出す社会は、政府による干渉や介入もそれほど強くない。決まりごとや取決めから解放され、規制緩和が進む中で、企業等は、より高い成長を求めて、借金して工場等を建設して利益増進を図ろうとする。民間部門は、好調な経済を背景に民間債務を増大させるわけだ。政府にとっては、経済が安定的に成長すれば、統治もしやすく、国民の不満も大きくならない。そこで、税収も好調に増加するため、これまで蓄積された政府債務も返済が進み、公的債務は圧縮するだろう。

それに対して、右へ振れるライト・スウィングの時代は、レフト・スウィングの時代と比べて経済成長が緩やかになり、時として大幅な不景気や恐慌に陥る。そのため、民間部門の経済活動は、委縮してしまう。そこで、悪化する経済を立て直すために、政府や中央銀行などの公的部門が登場せざるを得なくなる。このままでは経済状況の悪化が加速するため、経済対策を積極化する公的部門が時代の主役に躍り出るわけである。具体的には、変動が大きくなり、不安定化する金融市場を安定化させるために、政府は、国債市場や為替市場などへの介入を強化してきた。江戸時代であれば、幕府や諸藩が経済のテコ入れに躍起になる時期と言ってよいだろう。この時期は、人々の生活が苦しくなり、社会不安が高まるため、政府は、体制を維持するためにも、国債などを発行して、その資金で経済対策を実施する。この資金調達増加は、縮小する経済成長による税収減という悪材料と重なり、政府部門の債務は拡大を余儀なくされてきた。

つまり、レフト・スウィングの時代には、民間投資が活発化して民間債務が増加する一方、ライト・スウィングの時代は、低成長や危機を緩和するための救済や財政支援が増加して公的債務が増加すると言えよう。グローバル社会は、第一次世界大戦後の1920年代、第二次世界大戦後の1950年代から1960年代にかけて、米ソ対立が解消された1990年代はレフト・スウィングの時代であった。逆に、第一次世界大戦により混乱を極めた1910年代、ニューヨーク株価大暴落以降の大恐慌から第二次世界大戦に至るまでの1930年代から1940年代にかけて、ニクソン・ショックおよび中東情勢悪化の1970年代から1980年代に至る時期は、ライト・スウィングの時代であったと言えよう。そして現在は、1990年代のグローバリゼーションの追い風が止み、2000年以降の3年連続株式市場下落（ナスダックバブル崩壊）と2001年の米同時多発テロ発生以降、長期にわたるライト・スウィングの途上にあると言えよう。米中対立、Brexit（英国のEU離脱）、東アジア諸国関係悪化など、国際関係悪化がメディアで取り上げられない日はないと言ってもよい。冷戦終結以降忘れられていた「国家と国家の対立」は、2010年代では当たり前のような状況になっている。**2020年代初頭のグローバル社会の特徴は、国際政治、国際経済という側面からみると、まさに「振り子」のライト・スウィングに当てはまる。**その特徴とは、どのようなものか。

不安定だからこそ政府の介入が高まる時代

ライト・スウィングは、国際政治や国際関係からみると、対立・戦争により世界が分断される分裂化の時代であった。象徴的な紛争や戦争、対立は、おおむねライト・スウィングの時代に発生している。20世紀は、世界中を巻き込み、複数の勢力に分断されて対峙する時期を繰り返してきた。一方、レフト・スウィングは、協調・平和により世界中が統合化される流れに支えられる時代であった。国際連盟が発足した1920年、国際連合が発足した戦後復興が始まる1945年、冷戦終結を宣言したマルタ会談の1989年を起点として、部分的な対立は残るものの国際関係の緊張緩和が始まっている。われわれは、1989年にベルリンの壁が崩れ去ったときに、今後は世界の戦争は一切なくなり、対立の世紀は終わったと楽観しただろう。国家という堅いイメージの壁は消滅し、国家の存在を前提とした「インターナショナル（国際）」という言葉から、国家の枠組みを超えた「トランスナショナル」や、地球規模での「グローバル」という言葉が多用されるようになったのは記憶に新しいのではないか。

しかし、歴史のリフレインは、この楽観を許さなかった。国際政治学者サミュエル・ハンティントンが想定した「文明の衝突」の様相が強まりつつある。現在は、米中対立という枠組みだけでは単純化できない分断の時代に至っていることを否定することはできないだろう。少なくとも、２０２０年代初頭は、レフト・スウィングへの転機になると楽観できる材料に乏しいのが現実である。

次に国際経済の側面からライト・スウィングの時期をみると、どのような特徴があっただろうか。世界の分裂化が進行するならば、経済的には自国優先の主張が高まり、保護貿易が台頭せざるを得ない。世界中で、最も安価なところで材料を仕入れ、賃金が最も安いところに工場を建てて生産し、世界中のあらゆるところに製品やサービスを販売するのがグローバリゼーションの大きなメリットである。しかし、保護貿易の台頭は、この効率的なグローバル企業によるサプライチェーンを許さない。企業に対して政府は、自国で製品を販売するのであれば、工場も自国に建設し、雇用を拡大させろと干渉し、失業率の低下を目論むだろう。その延長には、関税を高くして、自国経済のみを保護する動きが、世界各国で相互にエスカレーション（深刻化）していく。政府によるモノやサービス市場への介入は、コストアップや売上減少となって、グローバルに展開する企業にシワ寄せがくるため、自由な企業行動にとっての手枷足枷と言えよう。**保護貿易が台頭するブロック化の時代は、企業業績にも暗雲が漂い株式市場が不安定化する。そのため政府による市場介入が強化されやすくなってきたので**

ある。金融市場が不安定になれば、輪をかけて経済実態にも悪影響を与えるため、負のスパイラル（連鎖）を避けようとするからだ。第一次世界大戦、第二次世界大戦、中東戦争に続き、現在の各地域での国際関係悪化・不安定化時代に、政府による金融市場介入が強化されるのもうなずけよう。

逆に、レフト・スウィングの時期には、グローバルな協調時代に自由貿易が拡大し、民間企業の業績成長期待が高まるため、株式市場に追い風が吹きやすい。１９２９年までの株価上昇、１９６０年代にかけての米国黄金時代、１９９０年代後半のＩＴバブルなどが相当している。それでは、ライト・スウィングが続き、振り子の右端（右極）に近づくと、どのような現象が発生してきたのだろうか。

行き過ぎとその反動の繰り返し

振り子は、数十年の周期をもって左右に振幅を繰り返す。その右端（右極）と左端（左極）に至る過程では、経済システムに大きな影響を与える出来事が発生する傾向がある。次節でも詳述するが、おおむね右極、もしくは右極に向かう過程で、通貨システムが転換・変更され、左極に至る過程で株式バブルが発生して、左極でそのバブルが崩壊するケースが多い。極に至るまでの振幅の行き過ぎは、大きな出来事を発生させ、それを転機として、逆行を始める。極に振れた分だけ、逆方向への反動力が強まると言えよう。子供のころ遊んだブランコも、力を込めて漕ぎ切れば漕ぎ切るほど、振り切った逆方向への振れは大きくなったのを思い出してみると合点がいくだろう。

第一に、右極にあたる１９１０年代には、第一次世界大戦をはさんで各国が金（ゴールド）を裏づけとした通貨制度である**金本位制**から離脱し、**管理通貨制度**に移行している。従来の通貨システムを維持することが困難になり、モノの流れだけではなく、従来の取り決めであったカネの仕組み（国際資金移動）にも変化が生じたと言えよう。その後、主要国は、再び金本位制に復帰するものの、1929年のニューヨーク株価暴落に端を発した世界大恐慌に突入すると、再び金本位制からの離脱が相次いだのである。このような通貨制度の混乱が収束を迎えたのは、振り子が右極にまで振り切った1945年であった。第二次世界大戦終戦を迎え、国際通貨制度は米ドルの金兌換を基礎とした**ブレトンウッズ体制**が始まる。数年後、わが国は、改めて定められた1米ドル＝360円という基準に則り、経済復興の歩みを始めたのは有名な話である。明治維新期に、1米ドルが1円で始まった為替レートが、敗戦を迎えた日本にとって非連続的に減価された衝撃は大きい。終戦期には、1米ドルが4円台であったことから考えると、日本円は約90分の1に減価されてしまったのである。当然ながら、わが国が輸入する資源や資材は、90倍の価格に跳ね上がったのであるから、国民のインフレーション（物価上昇）による困窮は極まったと言えよう。

さらに戦後については、円安とは逆の現象が発生するのは興味深い。また右極に向かう途上の1971年には**ニクソン・ショック**が発生し、右極に位置する1980年代半ばには**プラザ合意**により米ドルが急落するなど、国際通貨システムは転機を迎えている。ニクソン・ショックは、米ドルの金兌換停止の発表が、ブレトンウッズ体制の終了を意味し、それまで安定していた米ドルが他通貨と比較して大幅に減価する始まりとなった。ニューヨークのプラザホテルでの主要国間での合意は、引き続き基軸通貨として位置づけられていた米ドルを下げることで、米国の輸出競争力を高め、貿易赤字を減少させるものであった。ニクソン・ショックもプラザ合意も、結果として急激な円高を発生させ、高止まりしていた米ドルの水準を大きく低下させる国際通貨システムの変化を促すものだったのである。

一方、欧州におけるＥＵ（欧州連合）の設立は、１９９９年の**統一通貨ユーロ**導入につながった。この大きな通貨システムは、ライト・スウィングの過程もしくは右極でスタートしたわけではない点は、振り子の視点からみるとレアケースと言えよう。しかし、欧州経済共同体の加盟国による為替相場システムである**欧州通貨制度**（ＥＭＳ）は１９７９年に設立されており、ライト・スウィングの過程で検討されたと考えることもできる。また、本格的な通貨統合の過程は、１９９０年7月から始まっていることから、レフト・スウィングにおける国際政治の特徴である統合化と歩みを揃えて、分裂していた欧州通貨の統合が加速したと解釈できよう。そのため、ライト・スウィングの時代には、既存通貨システムの矛盾が露呈していく過程であり、右極で崩壊が始まる一方、レフト・スウィングの時代には、新たな通貨システムが構築され、浸透していく過程と言えよう。

そう考えると、現在、「**ビットコイン**」や「**ディエム**」（フェイスブックが構想するデジタル通貨、２０２０年12月に「リブラ」から名称変更）といった、既存の通貨システムとは異なる通貨の台頭や、**中央銀行デジタル通貨**（ＣＢＤＣ）は、主要国の通貨を主軸にした通貨システムの転換の予兆を示すと言えよう。グローバル金融危機だけでなく新型感染症拡大ショックに対応した各国中央銀行による通貨供給の拡大や、政府債務の拡大による、既存政府発行の通貨に対する信認（クレディビリティ）に揺らぎがみられるだけに、注意深く動きをみていく必要があるだろう。少なくとも、既存通貨は**自**

国通貨安戦争という不健全な競争を繰り広げているのに対して、新しいデジタル通貨間では、その使い勝手の良さなどを基準に美人競争が繰り広げられるため、健全な競争という点では対照的と言える。新しいデジタル通貨は、利便性、セキュリティ、プライバシーという側面からの競争を繰り広げるだけではなく、振り子が右極に振り切るまでの期間には、既存通貨を発行する政府からの干渉と規制強化の対象となるはず。この熾烈な競争と介入に打ち勝った通貨は、やがて「振り子」が反転した後のレフト・スウィングの時代に、主導権を握り新しい役割を担うだろう。

第二に、左極にあたる１９２９年10月には、絶好調だった株式市場が変調をきたし、ニューヨーク株式市場が暴落し、世界大恐慌の淵源となった。この株価がピークに達するまでには、第一次世界大戦が終結した後の復興需要による世界経済の回復とともに、米国における株式購入のための融資（ブローカーズ・ローン）の拡張といった背景があった。株価指数は、８年間で約５倍にまで上昇する中で、株式市場の過熱感を示す株価収益率（１年当たりの企業利益を株価で除したＰＥＲ）も急上昇する株式バブルの様相を呈していた。このような株価収益率の上昇は、１９２９年以外では、１９０１年、１９６６年、２０００年にピークを迎えており、[10]ほぼ左極と符合している。左極に至るまでのレフト・スウィングの過程で、好調な経済環境を背景に株価が大幅に上昇し、一種のバブル的状況になっていたと言えよう。そのため、これに続く期間では、バブルの崩壊が、さらに実体経済の悪化に輪をかけたものと考えられよう。１９２０年代の株価上昇、１９６０年代にかけての米国黄金時代、

(10) 詳しくは、Shiller（2015）７頁参照。過去10年間の１株当たり利益を株価で除した修正株価収益率（ＣＡＰＥ）が示されている。

１９９０年代後半のＩＴバブルなどの発生の後には、数年もしくは十数年に及ぶ株価調整が待ち受けており、米国を中心とした先進諸国での景気後退が、各国間の協調関係にも亀裂をもたらしたと考えられるだろう。

なお、日本の場合には、少し注意が必要である。米国などの先進諸国の株式市場と日本の株式市場の動きには、10年程度のラグがあるからだ。第一次世界大戦による経済的恩恵を受けた日本は、１９２０年に好景気のピークを迎え、株価も一足早く下落に転じている。後述するが、米国等とは異なり、１９２９年の株価は、１９２０年の水準を上回ることはなかったのである。また、日本株式のバブルのピークは、１９８９年であり、米国のＩＴバブルよりも10年程度早期にピークを迎えている。そのため、振り子の振幅を考える場合には、世界全体の動きと日本の動きを、一定程度ずらして捉えるべきだろう。

わが国の振り子の振幅はラグを伴うものの、おおむね**振り子の左極では、株式バブルが崩壊し、右極では、国際通貨システムが揺らいでおり、振り子の振り切った先には、かなりの確率で歴史的出来事が発生している。**現代は、振り子が右方向に振幅するライト・スウィングの時代であり、この時代が終わりを告げるころには、国際通貨システムや決済システムを根幹から揺るがす激震が発生する可能性を考えておく必要がありそうだ。この振り子の視点からは、レフト・スウィングが振り切る際に生じる株式バブルが生じているわけではないため、日本銀行が保有を増加させてきた株式ＥＴＦについても、株価大暴落により大幅な損失計上を懸念する必要はなさそうだ。しかし、ライト・スウィングが右極に迫り、経済の仕組みに大きな変化が訪れるならば、従来から続ける政策についても再検討する必要はあるだろう。果たして、振り子の右極で発生してきた経済システム転換は、現在の経済実態のいかなる部分を震源地として発生するのだろうか。

3 民間債務拡大と公的債務拡大

振り子の極で発生する債務拡張

歴史を振り返ると、振り子が左極に向かっているとき、企業や家計といった民間債務（借入・社債等）が膨張する傾向にある。民間部門は、積極的にリスクをとりながら経済活動を営もうとするとき、自らが保有する資金だけではなく、金融機関や資本市場から資金を調達して投資を拡大するだろう。梃子の原理のように、身の丈を超えた規模での投資をすることを、**レバレッジ**を拡大させると表現するが、自己資金が1億円に対して、銀行などから1億円借り入れて2億円の投資をするならば、レバレッジ比率2倍となる。借入金利よりも投資の見返りが多いのであれば、限られた元手資金でも、より多くの利益を手にすることができる。好調な経済環境に乗って企業が業務を拡大していくときには、このレバレッジ比率を高めて、利益を拡大させていける。レフト・スウィングの経済成長期が続くと、楽観的になった企業・個人が借入を増やして（レバレッジ比率を高めて）投資や消費を拡大するだろう。そのため、レフト・スウィングの過程では、**民間債務拡大**が発生するのである。この動きは、前記したバブル拡大と連動して発生すると考えてよいだろう。

しかし、好循環が終わりを迎えて、経済が悪循環へと逆回転し始めると、民間部門は借金の返済に追われるようになる。レフト・スウィングからライト・スウィングへの転換であり、バブル崩壊と歩調を合わせて、**民間債務圧縮**が加速するだろう。民間部門のレバレッジ比率低下（デレバレッジ）は、それまで支えられていた投資・消費を急速に冷え込ませることになる。経済環境の悪化とともに社会全体の不安定感が高まるだけではなく、当然ながら金融市場の変動率も高まるため、経済環境が良好であったときには手を放していた政府や中央銀行も、積極的に政策を発動して、不安定な状況を脱するための干渉や介入を実施するわけである。具体的には、民間部門による投資や消費の減少分を補うために、公共投資や減税に代表される財政拡大政策が採用され、企業等の将来に対する期待感を維持するために金融緩和政策の積極化が考えられる。これらの公的部門を軸とした政策を実施するために、国債や借入による資金調達に政府は奔走することになるだろう。つまりライト・スウィングの時期には、**公的債務拡大**が発生するのである。レフト・スウィングの時期には、税収増に支えられ**公的債務圧縮**が進んだのとは対照的である。

このように考えると**振り子の左極**では、**民間債務拡大**を極め、**右極**では**公的債務拡大**が進行するという**特徴が浮かび上がってくる**だろう。**図14**は、戦後における米国の民間債務と公的債務の推移を示したものである。いずれも経済規模を示す国内総生産（GDP）に対する債務等の比率を記している。前者は、企業の資金調達額を代表する「民間企業（非金融）債務」と「株式時価総額」の合計額をGDPで除した比率であり、戦後一貫して上昇しており（1946年は86%）、1968年に132%でピークアウトしている。この時期は、振り子に当てはめるとレフト・スウィングの時期で

図14　米部門別債務・対GDP比率（1946年～2020年第３四半期）

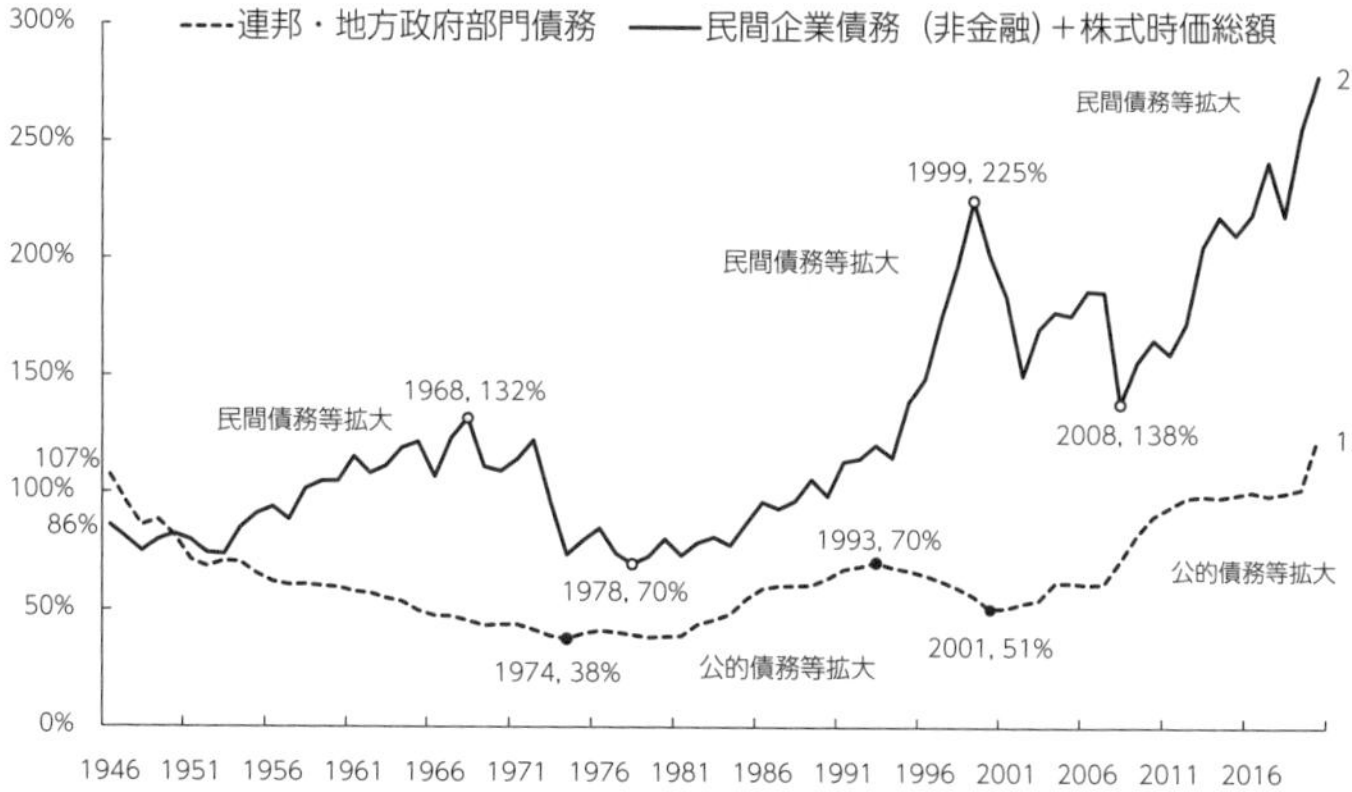

（出所）米連邦準備制度理事会のデータを基に著者作成。

あり、民間債務拡大が進んでいたわけである。この間、後者の政府債務（連邦政府と地方政府部門の債務をＧＤＰで除した比率）は、１９７４年の38％まで低下基調で推移している。ライト・スウィングによる右極を迎えた終戦時の１９４６年には同比率は１０７％だったことからすれば、戦後復興期にレフト・スウィングが進行した時期に公的債務圧縮が進んでおり、民間と公的部門の債務は対照的な動きをしていたのが明らかである。

その後、民間債務は１９７８年に70％を底に堅調に推移するようになるが、公的債務の比率は、１９９３年の70％まで上昇しているのが確認できよう。ライト・スウィングの時期と正確に一致するわけではないが、１９９０年代は民間企業の債務が急拡大する中で、公的債務の比率は２００１年の51％まで低下している。ある程度抑制されていた民間債務も、株式時価総額を加えている点も手伝いＩＴバブルのレフト・スウィングの時代に２２５％という水準まで上昇するのであった。だが、21世紀は、**サブプライム・バブル**により一時的に復活する局面があったものの再び２００８年にグローバル金融危機が訪れ、民間債務は減少基調で推移した。この時民間債務は１３８％まで大幅に低下し、１９９０年代半ばの水準に至るが、対照的に、政府による経済対策が打ち出され、公的債務は拡大していくのであった。

以上のように、振り子の視点からは、公的債務と民間債務の拡大が交互に繰り広げられていた点が確認されよう。

2つの債務拡大の同時進行

ここで注目すべきは、２０００年に始まり現在に至るライト・スウィングでは、グローバル金融危機以降、従来のパターンとは異なる動きをしている点である。今回のライト・スウィングは、低成長という特徴は20世紀までと共通しているが、**グローバル金融危機以降は、公的債務の拡大だけではなく、過激な金融緩和により民間債務（株式時価総額含む）の増殖も同時進行で発生している**点で、興味深い状況となっているのである。

２０１０年代は、１９３８年に**長期停滞論**（需要不足が長期・慢性化する状況）が唱えられたライト・スウィングの１９３０年代後半に類似しているものの、低成長を回避するために「戦争という名の財政拡大政策」によるテコ入れが実施された点で現在とは異なっている。金融緩和という側面でみれば、１９４０年代に米国の中央銀行に相当する連邦準備制度理事会（ＦＲＢ）は、財務省が発行する国債を購入し、長期債利回りを２％程度まで抑制する金融緩和を実施したが、その規模や水準、そして拡がりという点では、現在とは格段の差がある。２０２０年には、米国の財務省証券（10年債）

利回りは1％を下回り、長期債利回りが大幅に低下しているのは米国だけでなく世界的な現象になっているからである。

現在のライト・スウィングは、1940年代や1970年代とは異なり、政府による介入で生じた公的債務拡大だけでなく、民間企業債務および株式時価総額も拡大している。**図14**で確認すると、2020年第3四半期の米国民間企業債務等（非金融）は株式時価総額も含めると、対GDP比率が278％まで急上昇しており、レフト・スウィングの左極であった1999年の225％の水準を大幅に上回っている。公的債務についても、2020年に入ってからの新型感染症拡大ショック対応による財政拡張が影響し、対GDP比率が124％まで上昇し、終戦当時の107％を超えている。財政拡張は、米国だけの現象ではなく、欧州諸国や新興国も含めた世界的な傾向であり、民間と公的部門で、仲良く歩みを揃えてレバレッジ比率拡大に邁進しているのである。

公的部門・民間部門同時にダブル・アクセルをふかしている状態で、振り子の右極めがけて突進しているだけに、2つの債務拡大の転機には、より大きな経済システムへの衝撃が発生する可能性があると言えよう。これまで経験したことのない、民間債務拡大も伴う右極の到来は、国債市場の混乱と国際通貨システムの転換だけではなく、さらなる膨張を許せば、株式市場や信用システムにも衝撃が拡がる可能性を頭の片隅に置いておくべきだろう。

われわれは、2008年のグローバル金融危機以降、過激な金融緩和に依存し過ぎて、金融市場の不安定を抑制するために介入し過ぎたのかもしれない。ライト・スウィングの時代にもかかわらず、欲張って民間債務や株式時価総額の急増までをも許してしまったのは、やり過ぎだったのではないか。

金融史研究という視点から、民間債務拡大の時代の次には、政府や中央銀行による市場介入による安定化策が講じられるのは、歴史のリズム（韻）として許される。つまり、一定程度の政府の市場への介入は必要とされる時期がある。しかし、そのリズムをあからさまに逸脱するような政府や中央銀行による介入は、市場をコントロールできると考える人間の傲慢さゆえの結果としか言えない。行き過ぎた市場介入は回避すべきだろう。果たして、この債務拡張は、持続可能なのだろうか。ここでは世界全体の流れを整理したが、次節では、この持続可能性について、わが国の公的部門の債務拡張の歴史から、新たな視点で振り返ることで、現在の政府・日本銀行の位置づけと今後について考えてみよう。

公的債務拡張と変質のリズム

現在、日本の国債発行残高は、1,000兆円に迫り、その約半分を日本銀行が保有している。国庫短期証券や借入金を含めると政府債務は2019年度末に1,100兆円を上回るほどに、巨額に膨らんでいるのである。発行される国債の大宗を日本銀行は、金融政策の一環として金融市場から購入しており、日本銀行が保有する国債発行残高に占める割合は上昇基調にある。日本銀行における ETFの保有を考える上では、日本銀行全資産の4分の3にあたる国債の保有についても視野に入れる必要があろう。そのため、振り子の視点から、日本銀行と日本国債について歴史的な観点から確認したい。

1930年代後半から戦時期にかけてのわが国は、積み上がる軍事費を調達するために、大量の国債を発行した。政府債務の規模は、当時の経済規模の2倍程度まで拡大し、公的債務大国になったのである。振り子の視点からは、ライト・スウィングが加速する過程での公的債務拡大の局面であり、現在の政府債務の累増と同じ様相を呈していた。それでは、そのように巨額の国債を、当時、誰が買ったのか。現在と同じように日本銀行が購入したのだろうか。日本銀行は、前記したように1932年に高橋是清大蔵大臣の時代に日本国債を、大蔵省（現在の財務省）から直接引き受けることになったはずである。それだけに、かなり巨額の日本国債を保有したに違いないと想像するだろう。

しかし、事実は異なり、日本銀行が保有する国債は、引受後に円滑に銀行をはじめとする金融機関等に売却されていたのである。過度なインフレーションを避けるために、一時的に日本銀行が引き受けた後に、金融機関等に売却して、過剰な資金を供給することを回避したのである。日本銀行が保有する国債発行残高に対する割合は、太平洋戦争が始まった1941年の13％超をピークに低下しているため[11]、現在とは比較にならないほど日本銀行の国債保有率は低かったのである。つまり、戦時期のような日本銀行引受という過激な政策を採用していないものの、現在の日本銀行による国債市場への関与は、戦時期よりも格段に大きいと言えよう。形式と実態は、得てして異なるものである。**現在の日本銀行は、発行された国債を流通市場で購入するという間接的な取得形式を採用しているが、保有の実態は、戦時期の直接的な引受形式よりも過激なものだったのである。**

また、戦時期の国債保有の中心は、日本銀行ではなく引受国債を売却された金融機関に加え、政府

---

(11) 戦前・戦時期の国債保有動向の詳細は、平山（2019）31～33頁参照。

自身であった。この政府というのは、発行した国債を政府が再度購入すると考えるとわけがわからなくなるが、その正体は**大蔵省預金部**（財政投融資制度下の資金運用部の前身）である。戦時には、家計資金を活用するために、政府に吸収する仕組みとして国民貯蓄運動が強化された。国民貯蓄運動として進められた郵便局を介しての貯金や、日本勧業銀行を介しての報国債券等の購入は、最終的に預金部に吸収されたのである。そして、その資金が国債に投資されたため、政府の一部である預金部を介して間接的に民間人（家計）が国債を保有するという仕組みが拡大し、見かけ上は政府による国債保有が増えたわけである。

ところで、このような累増する国債の消化体制が強化される一方で、政府債務の調達経路に大きな変化が生じていた点に注目すべきであろう。政府が資金を調達する際には、いくつかの手段がある。円建てによる日本国債発行である「内国債」、外貨建て日本国債発行による「外国債」、短期間の資金を調達するための「短期債」、証券を発行せずに直接資金を借り入れる「借入金」の4種類である。この調達経路の割合は、必ずしも固定されているわけではなく、歴史的に変遷している。太平洋戦争が始まった翌年度である1942年度には、政府債務残高に占める内国債比率は95％弱でピークアウトし、日本銀行からの一時借入金（政府一時貸上金）や民間企業からの政府特殊借入金（政府が支払うべき補償金や買収代金の全部または一部）といった借入金の比率が急速に高まった。戦時期には、前述したように、郵便局や金融機関を介して小口資金として、貯金や国債（もしくは報国債券・貯蓄債券等）により調達するようになったため、国債に関する事務手数が煩雑になってしまった。戦時体制のため、官庁における事務要員も削減されたため、事務の簡素化が求められ、より簡便に資金を調達しやすい借入金の比率が上昇し始めたと考えることが可能であろう。

債券発行による資金調達は、より広範囲に資金を集められるメリットがある代わりに、発行、引受、流通、償還等々、煩雑な手続が必要とされる。一方、貸出（借入）であれば、一対一で簡便に資金調達が可能である。戦時末期には、戦費急増による政府資金調達ペースが加速したため、債券発行の限界に到達し、借入金による資金調達へのシフトが進む。政府債務の増大化の究極の姿が、国債という債券発行の手間を省く**「借入金シフト」**という安直な道への扉を開いたわけだ(12)。

興味深いのは、このような変化が、終戦という転機に訪れたのではなく、その数年前から始まっていたという点である。終戦により、社会全体がショックに見舞われる前に、すでに政府の資金調達経路に変化がみられ始めたのであり、大きな経済社会システム転換の予兆として資金循環上の変化が始まっていたわけである。現在は、ライト・スウィングの途上にあるものの、右極に経済システムの大きな転換があるとすれば、金融市場にも予兆としての変化がみられるはず。ショックが発生しないからといって安閑としているべきではないだろう。

図15に示したように、日清戦争後に95％弱まで拡大した政府債務における内国債比率は、日露戦争を経て第一次世界大戦にかけて急低下し、外国債中心の資金調達構造に変化した。海外からの資金調達に頼らなければならないほどに、国内で資金調達することが困難であったわけである。その後、内国債調達比率は、１９４２年度末に95％まで回復したものの、前記したように借入金比率が増大する

(12) 拙稿「嵐知らせる政府債務の内訳」『日経ヴェリタス』２０２０年8月23日参照。

図15　調達手段別政府債務残高比率（1868年末〜2019年度末）

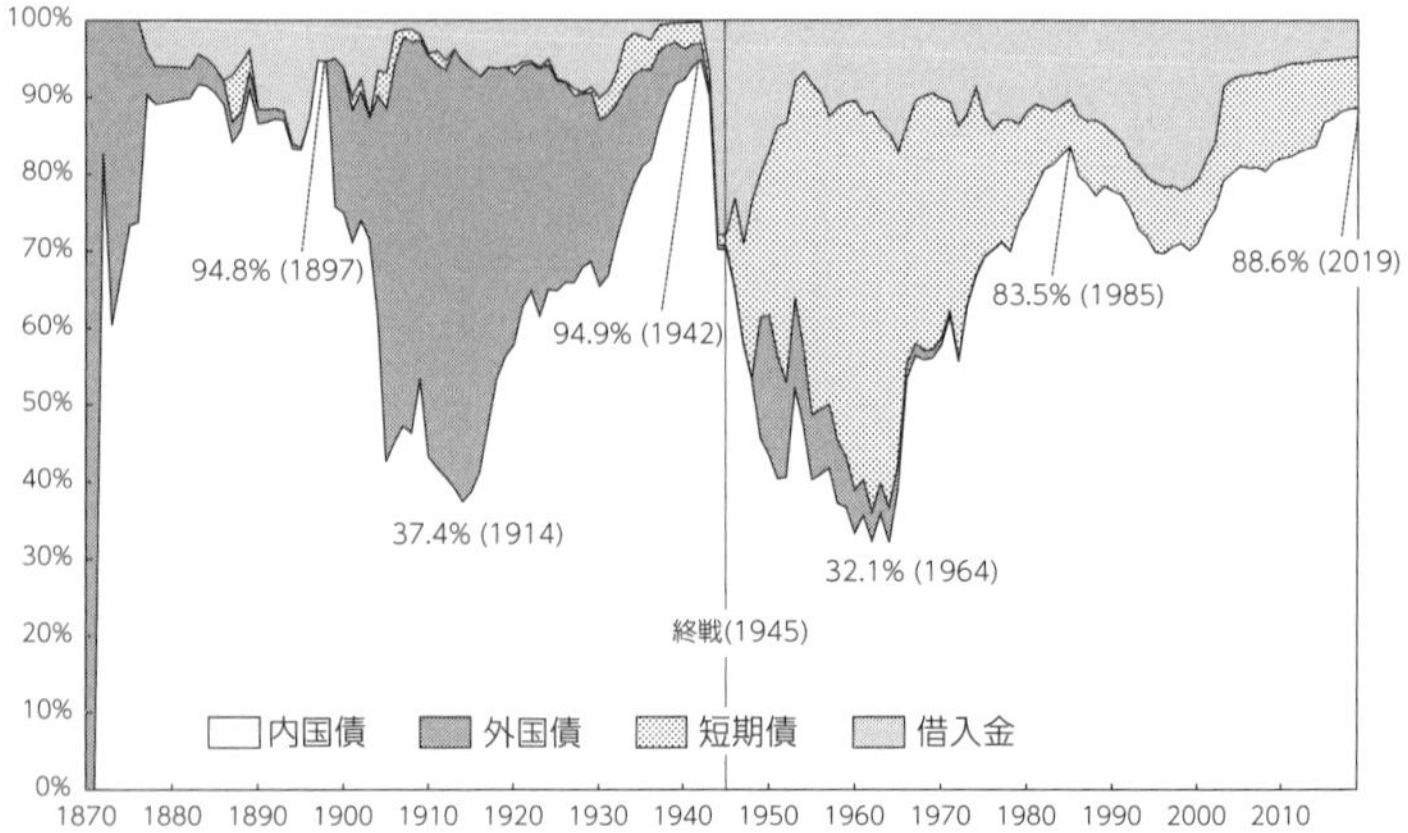

(出所) 1892年までは年末、それ以降は年度末。大蔵省財政金融研究所財政史室(1998)『大蔵省史—明治・大正・昭和』、大蔵省『財政経済統計年報』、『国債統計年報』。

ことになる。戦後の資金調達経路は、借入金から短期債を主軸にしたものに転じ、目まぐるしく債務調達の手段は変化している。そして、１９６０年代後半以降は、国債発行が累増するが、いよいよ２０１９年度末には90%弱まで国債による調達比率が高まっている。

　この国債中心の政府資金調達構造の持続可能性については、歴史の循環を前提にすると疑問が残るはず。政府の資金調達手段は、時代の状況とともに大きく変転を繰り返しているため、円建て日本国債中心の現状が維持されるとは限らない点は再認識しておきたいところ。外貨建て日本国債の発行、短期国債発行へのシフト、もしくは政府借入金の増大など、いくつかの選択肢が考えられるが、そのような転換の後には、社会的ショックが時間差を伴い訪れることも頭の片隅に置いておきたいものだ。特に日清・日露戦争時代、そして第二次世界大戦期にも増加した「**政府貸上金**」については注目しておきたい。前記した政府一時貸上金は、政府貸上金の一種であり、日本銀行から政府への直接貸出である。実質的には、現在発行される国債の大部分について流通市場を介して吸収している日本銀行であるため、臨機応変に政府の資金需要に応じて政府貸上金を活用するという議論も注意したいところである。

政府資金調達手段における国債比率が、約9割に達すると、他の調達経路も含めた分散化が進む（国債依存度が低下する）という歴史のリズムからは、日本銀行による国債保有のあり方についても転機が近づいているのかもしれない。振り子の視点から、ライト・スウィングの時期には、政府・日本銀行による金融市場介入が強化される必要性は、歴史の流れとして理解できるが、政府の資金調達経路の歴史という観点からは、日本銀行も含めた資金循環の転機も近づいてきているとの見解を否定することはできない。日本銀行によるＥＴＦ購入についても、バランスシートの大部分を占める国債も含めて議論する必要があるとともに、所与の政策として「これまで」と「これから」を同じものとして考えるべきでないだろう。現在の日本銀行による市場介入は、国債市場について戦時期と比較しても、やり過ぎ感が否めない。そのため、抜本的な仕組みのあり方について、本格的に見直す時期に来ていると言えるが、株式市場に対する政府・日本銀行による介入についてはどうなのだろうか。次章では、ライト・スウィング時に日本政府が実施した国債市場への介入に続き、株式市場介入について歴史的に振り返ってみよう。

第 3 章

市場介入の日本史

株価操作は可能か？

1　戦後の共同証券

民間主体での株価買支えの限界

第3章では、政治経済情勢に応じて推進された日本政府による株式市場介入の歴史を振り返り、株価操作の可能性について確認しておきたい。最初に1960年代の証券不況期の株式市場介入について振り返り、さらに遡って1940年代の戦時期の究極的な株式市場への政府介入について確認することにする。

戦後の株式市場への介入事例としては、まず山一證券に日銀特融が実施されるに至る**証券不況期**が頭に浮かぶだろう。1950年代に大幅に上昇した株価であったが、1960年代には反動的に抑え込まれる中での事例である。1960年代初頭は、高度経済成長期に相当する時期であったこともあり、企業の資金需要が強かったが、金融引締めの影響で額面割当増資が急増し、株式市場の需給状況は悪化した。これは、株式購入ニーズよりも多くの増資に伴う株式発行が実施され、需要と供給のバランスが崩れたことを要因としている。株式購入よりも株式発行もしくは売却の勢いが増せば、株価には下落圧力がはたらく。1963年のケネディ米大統領の暗殺などの影響から、市場のセンチメントが悪化したことも手伝い、1960年代半ばにかけて株価は下落し、証券不況に陥った。

そこで、株価下落に対して各種の対策がとられたが、その中の1つが、1964年1月に大手銀行14社と四大証券が株式買入のために設立した「**日本共同証券**」である。株式需給改善のための中立的機関として設立されたものであるが、その設立に至る経緯は、「大蔵省、日本銀行、金融界等の首脳部が秘かに検討してきた結果として発足[1]」したものである。１９４９年から１９５０年に至る証券不況時にも、証券保有金庫構想が現れ、増資調整も実行されたが設立には至らなかったため[2]、戦後初めての株価維持機関は日本共同証券ということになる。この日本共同証券による株価目標は、旧東証修正株価平均（東証1部ダウ）の1、２００ポイントを最低防衛線としており、買付銘柄が限られたために特定の銘柄の株価だけが維持されるという「**市場の歪み**」が生じた。当初の運用基準は、「①株式買入れの実施は、修正株価平均の水準にこだわらず、経済実勢にくらべ株価が不当に安い時を目安とする、②買入対象銘柄の選定は、市場性及び収益安定性を重視し、業種別の偏向を避ける、また市場第二部銘柄は対象から除く、③買付けは、原則として現物取引による、④買い出動する場合は少なくとも数10銘柄を対象とする」とされていたからである。実際に１９６４年３月から12月までの10か月間にわたり株式市場から日本共同証券によって購入された株式銘柄数は、11月の肩代わり分を除けば１７９銘柄で、１９６４年末の東証上場６６１社の27・１％（肩代わりのみ実施された銘柄は33銘柄）に過ぎなかった[3]。現在の日本銀行によるＥＴＦ購入は、主に東証株価指数等の株式市場全体の動きに連動するＥＴＦを対象にしており、恣意性ははたらきにくいとされているが、検討すべき点も多

---

(1) 有沢監修（１９７８）３１４頁。同書32頁では、証券不況の原因として、①株式需給アンバランスによる株式市場の不振、②投資信託の急膨張と、不適当な運用による制度の崩壊、③証券業者（当時の制度上ここでは業者と呼ぶ）の急膨張と無理な営業による体質の脆弱性露呈の３つを挙げている。

(2) 小林（２００２）50頁参照。

(3) 川合（１９６６）１３５頁。

く、詳しくは第４章で検討する。
株価の下落に応じて、資本金や融資枠が順次倍増され、株式購入が実施されたものの、その効果は小さかった。そのため、大蔵省が日本共同証券の資力拡充を図るとともに、日本銀行による日本証券金融経由の融資等も行われるようになった。**表４**は、日本共同証券による株式買上状況を示したものであるが、第一次買入時の３月から４月にかけての買入金額は約１５４億円であったものの、８月以降の第二次買入では月を追うごとに金額が増加し、総計約１，８８７億円まで膨らんでいる。設立当初の資本金が25億円（１９６４年１月20日）であり、同年２月20日に倍額増資（50億円）されるとともに協調融資枠１００億円まで増加され、さらに順次増資されていったことから、当初の想定を遥かに超える資金量が求められるに至ったと言えよう。簡単に言えば、株価維持に必要な資金量を過小評価しており、見通しが狂ったのである。

表4　日本共同証券の株式買上状況

年　月	株式数（千株）	金額（百万円）
1964年 3月	58,932	6,618
1964年 4月	71,628	8,783
1964年 8月	28,369	2,695
1964年 9月	61,162	6,676
1964年10月	304,423	34,015
1964年11月	562,506	65,894
1964年12月	537,558	63,996
合計	1,624,579	188,680

（出所）東京証券取引所（1974）『東京証券取引所20年史』

１９３９年10月から12月にかけての旧東証修正株価平均の値幅変動は縮小し、「流通市場の価格形成機能は、全く硬直化し」、「東京市場と日本共同証券の買入があまりおよばなかった大阪市場との株価平均の解離、株価平均と時価総額との離反、買支え銘柄とその他の銘柄との跛行現象および買入対象とならなかった市場第二部銘柄の惨落などで、自由な価格市場として、きわめて異常な状態に陥った」[4]のであった。**ファンダメンタルズとはかけ離れた市場価格介入は、そこかしこに人為的操作の矛盾の爪痕を残した**と言えよう。さらに、1965年1月には証券業者による日本証券保有組合構想が出され、同じく日本銀行の資金供給の下、投資信託と証券会社の保有株式の肩代わりを実施した[5]。次節でも触れるが、資金的に民間部門主導での株価維持機関の効果には限界があり、政府や日本銀行による資金的な関与が最終的には求められている点は記憶しておくべきだろう。株価維持機関設立の過程では、政府主導であっても、資金的な政府による裏づけがあってこそ、その効果が発揮されることになる。民間主導の株価維持機関による市場操作には限界があり、その効果は大きなものではなかったのである。そのため、株価維持機関は、間接的とは言え、政府の支援を得る必要がある。つまり、**株価維持機関による株価操作は可能か否かという疑問に対しては、民間部門主導にこだわらず、政府の関与という要件を満たすことで操作可能性が高まると言える**だろう。

ただし、相次ぐ日本銀行による証券業者、日本証券保有組合への特別融資が発表されても、企業業績悪化による株式投資の魅力減退が明らかになるにつけ、ファンダメンタルズの好転が期待できない中では株価の顕著な上昇には至らなかった。この状況を転換したのは、1965年7月に決定された国債発行方針を含む積極的な景気振興策であり、経済環境の好転に伴う企業業績の回復期待の台頭で

(4) 東京証券取引所（1974）、281頁。
(5) 詳しくは、証券経済学会ほか編（2017）、327~330頁参照。日本共同証券よりも多い21億2,032万株、2,327億円におよぶ株式肩代わりが、1965年1月から7月まで実施された。

あったのである。民間主導であれ、政府主導であれ、株価操作は短期的な期待に影響を与えるとしても、最終的にはマクロ経済や企業業績といったファンダメンタルズに対する期待を主軸にすべきなのは言うまでもない。国債発行による財政出動が発表され、期待感が好転し、株価も回復し始めたが、それとともに俎上に載ったのは、これまで買い取った株式の売却問題であった。

証券不況後の凍結株売却

日本銀行によるＥＴＦ購入と絡めて日本共同証券による株価操作を考えたときに、特に注目すべきは、購入した株式をどのようにして売却したのかという点である。日本共同証券は、１９６５年12月に保有株式の売却を開始し、１９７１年1月までに売却を完了している。日本共同証券および日本証券保有組合により保有された株式は、売却するまでの期間は、いわば凍結されていたため**凍結株**と呼ばれたが、両機関合わせて総額37億4、４８９万株、4、２１４億円の凍結株が放出された。

株価維持のために購入した株式を一気に市場に売却するならば、需要と供給のバランスが崩れ株式市場は再度下落してしまう。そのため売却手法には十分な工夫が図られたはずである。実際の凍結株の放出にあたっては、売却の道筋の開示には慎重を要する。この過程に瑕疵があれば、売却方針が検討されているという事実だけで、市場参加者の懸念や思惑が交錯して株価の変動率が高まるため、情報管理は徹底する必要があるのは言うまでもない。現在の日本銀行が保有するＥＴＦに関する出口戦略（購入の停止や売却に対する方針）の開示にも、周到な情報管理が求められよう。なお、日本銀行の出口戦略策定にあたって、比較対象として日本共同証券の保有株式の売却過程を取り上げた研究も

表5　日本共同証券の凍結株処分状況

年　月	株式株数（千株）	売却価額（百万円）	売却内容
1965年12月	1,140	172	独占禁止法の持株制限抵触分売却
1966年 3月	48,461	10,637	凍結株放出開始
1966年 6月	8,440	1,938	
1966年 7月	6,910	821	
1966年12月	2,100	415	増資払込を要する株式の売却
1967年2～12月	101,910	16,786	市況好転により凍結株再放出
1968年2～12月	637,440	112,286	4月以降投資信託・個人も売却先に
1969年1～12月	735,160	90,010	
1970年1～12月	325,999	39,261	
1971年 1月	2,162	69	凍結株放出完了
合計	1,869,723	272,401	

（注）売却株数と買入株数の差額は、増資新株割当、株式配当等による増加分
（出所）東京証券取引所（1974）『東京証券取引所20年史』

ある。証券不況の際の日本共同証券による保有株式の売却事例を参考に、銀行等保有株式取得機構が2001年に設立された事例を指摘した上で、佐藤（2020）は、「日銀のETF購入決定の際にも、共同証券の保有株式売却が順調に行われたためETFの売却も順調にできると日銀関係者が考えた可能性[6]」について記している。この点については、当時の共通点と相違点を斟酌して、現状の市場環境についての情報収集を基に、慎重な工程管理で臨むべきであろう。

日本共同証券および日本証券保有組合による凍結株の売却は、市況に応じて慎重に進められ、株式市場にとって凍結株の放出が供給圧迫要因として強く意識される時期には、放出を見送った。具体的には、**表5**に示したように、日本共

(6) 佐藤（2020）196頁。

同証券による凍結株の放出は、１９６６年３月に開始されたが、同年８月以降の放出は見送られている（12月の増資払込を要する株式売却を除く）。その後市況好転を背景に、１９６７年２月から放出が再開され、１９６８年には株価の急回復を受けて、売却対象を投資信託や個人投資家などにも拡大している。株式市場における需給関係の改善を待って、日本証券保有組合も売却先を個人投資家に拡大しており、それまでの銀行・保険といった金融機関を中心とした「限られた主体」にのみ株式を放出した状況から、一歩、売却範囲の拡大に踏み込んだわけである。[7]この間の売却先はそれでも金融機関等が多かったため、金融機関による株式持合いが加速する（金融機関による株式保有比率の上昇）背景の１つとなったが、株式市場の状況に応じてメリハリのある売却が実施されたのは重要である。また、株式市場に直接売却注文を出すのではなく、非市場取引の比率を高くしてマーケット・インパクトを弱める工夫もされていたのである。

結果的には、機動的な売却時期を見定めた株価上昇期における凍結株の放出であったため、株式売却は進んだ。しかし日本共同証券による株式売却の影響についての実証分析では、日本共同証券の株式売却は当時の株式市場の圧迫要因の１つであったとしている。[8]株価は上昇しているものの、凍結株の売却がなければもっと株価が上昇したという意味で、経済や企業業績のファンダメンタルズが十分

(7) 日本証券保有組合の凍結株処分状況は、東京証券取引所（１９７４）３９５頁を参照。１９６５年９月から12月、１９６６年３月から６月に証券会社分売戻として４８２、０４５千株５０、０８３百万円、１９６６年６月から７月、１９６７年２月から12月、１９６８年１月から12月、１９６９年１月に投資信託分売却とし１、７７８、６９７千株２４１、０７５百万円を処分（総計２、２６０、７４２千株２９１、１５８百万円）。

(8) 佐藤（２０２０）２０１頁参照。

に反映されない需給要因となった可能性があるわけである。これは株価維持機関による株式購入時にも同じことが言えるため、政府による市場介入は、少なからず市場の価格決定メカニズムの自律性を左右するのは間違いないだろう。

ところで、民間から移転された株式を政府等が市場で売却するという事例は、1960年代後半だけではなく、1940年代末の財閥解体に伴い政府が保有した株式を民間に売却した証券民主化運動の事例がある。1947年7月から1951年6月までの4年間にわたり、個人投資家を中心とした民間部門への売却が実施されたため、個人投資家が急増するという結果をもたらした。つまり、**株価維持機関（株式凍結機関）による保有株の売却の後には、株式保有構成に大きな変化が発生している点は注意が必要であろう。**今後、日本銀行のETF売却にあっても、株式保有構成の変化が予想されるからである。

結果として、1940年代末の証券民主化運動と1960年代後半の共同証券による株式の売却は、経済成長率が高い時期に、民間部門の将来に対する期待感が高まったレフト・スウィングの時期に実施されていることを認識しておくべきである。1940年代の経済成長は、前半については敗戦に至る過程で大幅に悪化したが、後半は、復興需要の拡張を伴い高成長を確保している。また、1960年代は高度経済成長に相当しており、10%を超える経済成長率を達成していたことからも、政府等の保有株式が売却された時期がいずれも高い成長率を確保できた時期なのである。今後の人口減少下におけるわが国の経済成長見通しを考えると、適切な売却時についての見通しは明るくないと言える。従来の売却時期のように、株式を民間部門が吸収できる可能性が格段に低下していると考えられるからである。

株価維持機関の株式保有動向が左右する保有構造

ここで、株価維持機関（株式凍結機関）による保有株の売却の後には、株式保有構成が大きく変化している点について確認しておきたい。**図16**は、株式の保有構成比の変化を時系列で示したものである。銀行や保険、そして信託銀行を含む「金融機関等」、そのほかの法人を合計した「事業法人等」、一般個人投資家を含む「個人その他」、「外国法人等」、戦前の預金部を含む「政府・地方公共団体」に区分して、株式市場全体に対する株式保有比率の推移を、1930年から2019年度まで示している。なお、戦時中の株価維持機関である戦時金融金庫は「金融機関等」に含まれる。データ出所が3つあるため、統計上の分断や基準の違いがあるものの、おおむね方向性は確認することが可能だ。

株式保有構成は、長期間でみると、いくつかの大きな節目、変化点があるのに気がつくだろう。時系列に遡ると、まず目に入るのが、近年の外国法人等（海外投資家）の比率の上昇の顕著さであろう。この保有比率上昇は、ここ数年の現象ではなく、1980年代末から続く、数十年単位の動きであり、金融機関等や事業法人等の比率が低下する中で主要な株式保有主体が、海外法人等へとバトンタッチされていったことを示している。それだけに、海外からの日本株投資が、わが国の株式市場の方向性を左右していると言ってもよいため、今後の外国法人等の投資動向からは目が離せない。

次に気がつくのは、前節で触れた証券不況期の株価維持機関の設立と保有株式の放出が実施された1960年代後半には、大幅に個人による株式保有比率が低下し、事業会社等や金融機関等の保有比

図16　株式保有状況

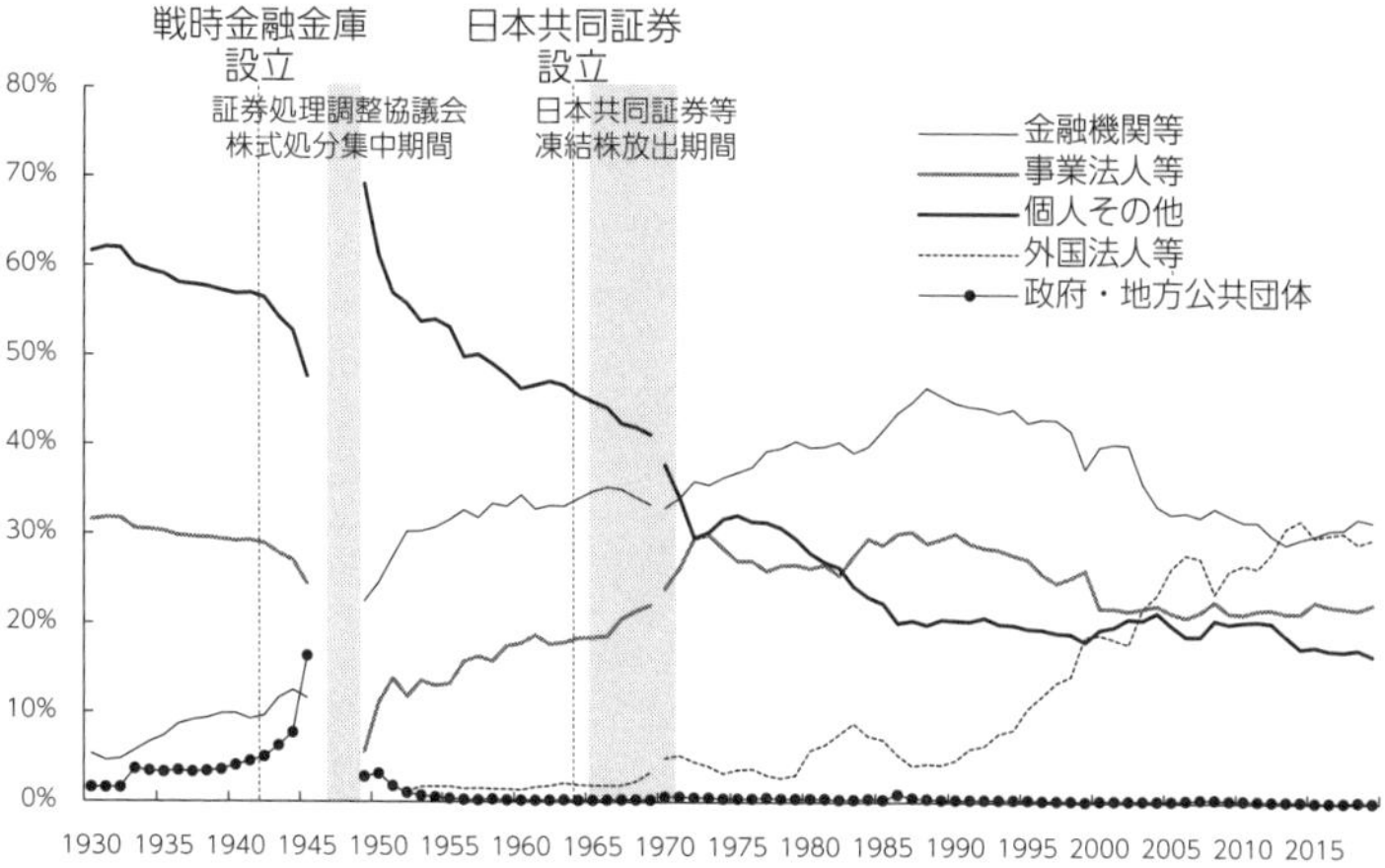

（注）金融機関等には、投資信託および証券会社を含む。

（出所）1930～45年は、経済企画庁経済研究所（1963）「金融資産負債残高表（1930－45年）」。1949～1969年は、大蔵省「株式分布状況調査」、および東京証券取引所「東証統計年報」による株式数比率。1970年以降は、東京証券取引所等「株式分布状況調査（市場価格ベース）」による投資部門別株式保有比率。

率が上昇している点だ。株式持合いや、機関化現象の淵源として1960年代後半が位置づけられ、その加速に大きな影響を与えたのが、日本共同証券をはじめとする株価維持機関による金融機関等への凍結株の放出であったと言えよう。日本共同証券や日本証券保有組合による凍結株の「売却が再び市況を崩してしまっては元も子もないので、市場に出さずに当該株式発行会社の取引先あるいは系列の金融機関や事業会社などに頼んで保有してもらうことが多くあった」(9)のである。たとえば、日本証券保有組合の凍結株のうち、投資信託分売却先は、銀行28・5%、信託銀行7・3%、生命保険18・2%、損害保険3・0%、関連会社

(9) 小林（2002）52頁。

17・0％、役職員4・5％、個人投資家21・5％である。金融機関等に実に57％が売却されており、金融機関主導で上場企業に関与する形態が強化されたと言えよう。

このような株式保有構成の転換は、1970年代から80年代半ばにかけての、日本企業のコーポレート・ガバナンス体制を大きく左右することになったのは周知のとおりである。コーポレート・ガバナンスとは、企業経営を監視する仕組みのことであり、日本語で表現すれば、「企業統治」となる。「会社は誰のものか？」という問いは、株主だけではなく地域住民、従業員、債権者、消費者を含む多くの利害関係者のために存在するという議論まであるが、会社は経営者のものではないという点では、一定程度の共通理解が得られている。そのため、企業統治は、主として資本を提供して議決権を持った株主が経営者を監視するものという理解でよいだろう。経営者は、各種利害関係者とのバランスをとりつつ、企業価値の向上を目指す必要があり、株主と健全な緊張関係をもって円滑に事業が執行される必要があるわけだ。

しかし、議決権の大半を占める株主が株式の持合いや機関化を利用して、大きな変化を求めず現状維持を第一に考えて、この仕組みの円滑な機能発揮ができていない状態を「コーポレート・ガバナンスが保たれていない」と表現される。政府による直接的な株式保有が増えれば、議決権を活用して企業経営に干渉することが可能になる一方、その干渉が国益を第一に考えて、企業価値をないがしろにする可能性があるため注意が必要である。この政府による株式会社に対する過度な干渉は、自由な企業活動により価値を創造するという資本主義の根幹を腐食させるからだ。そのため、日本銀行によるＥＴＦ保有についても、注意深くコーポレート・ガバナンスの観点から議論する仕組みづくりをする必要がある。

ところで、現在の日本銀行によるＥＴＦ投資は、金融機関等保有株式の中でも「投資信託」が保有する株式としてカウントされている。２０１９年度末（２０２０年３月末）の投資信託が株式市場全体に占める保有比率は８・７％であるが、９か月後の２０２０年12月末には、日本銀行が５・５兆円程度（営業毎旬報告）購入しているため、投資信託による株式保有比率は10％近くになっていると考えられる。**図16**における金融機関等の比率は２０１３年から緩やかに上昇しているものの、日本銀行によるＥＴＦの購入の影響が大きく、日本銀行の影響を取り除けば、金融機関による株式保有比率は低下基調にあると言えよう。一方、投資信託保有分を控除すれば、最も保有比率が高いのは外国法人等、すなわち海外投資家である。この**株式保有構成も、日本銀行のＥＴＦに関する出口戦略が進む局面に入れば、1940年代、1960年代後半に匹敵する大きな変化をもたらすと想定されよう**。この観点から、１９６０年代後半の日本共同証券・日本証券保有組合による株式市場介入と凍結株の放出に続き、１９４０年代の政府による株式市場介入とその株式処分について、以下でみていくことにする。

2　戦前の株価介入(10)

戦前・戦時期の金融統制

現在、ライト・スウィングの時期が続き、金融市場も不安定化しているため、政府や中央銀行による国債市場への介入が活発化している。具体的には、国債利回りが上昇すると、社債利回りや借入金利の上昇圧力が強くなり、企業などの資金調達に支障をきたすため、政府や中央銀行は、国債利回りの抑制に躍起になる。政府が大量の資金を投入して、国債を購入すれば、国債価格は上昇し、国債利回りは低下するため、不安定な金融市場にとっては安定化の動きを強化することになる。このような政策を、**国債価格支持政策**もしくは**長期金利抑制政策**と呼ぶが、現在だけではなく、1930年代から1940年代にかけても、日本や米国で実施された。国債市場での価格管理は、1930年代を通して強化されることになるが、以下では、株式市場における価格統制への過程を確認することを通して、現在の日本銀行によるETF購入の位置づけを考えることにする。

興味深いことに、同じライト・スウィングでも1930年代にデフレ経済の恐怖を味わった日本は、現在と非常に似た市場介入を実施していた（同じライト・スウィングでも1910年代、1970年代は高インフレ経済が懸念された点で異なる、また結果的に1940年代であっても戦時末期にはイ

(10) 本節は、主に平山（2020a）を初出論文とする内容を基に整理したものである。

ンフレ率が急激に上昇している）。1940年代にかけてわが国では、国債価格支持政策が実施され長期国債利回りは3・7％に釘づけされ、さらに戦時金融金庫や日本証券取引所などの公的機関によって株式買支えが実施された。現在、日本銀行は、「イールドカーブ・コントロール」と称して長期国債利回り（10年債）をゼロ％に釘づけし、株式ETFを購入し続けている。われわれは、政府による市場安定化のための介入が過剰なまでに強化され、右極に至るライト・スウィングの道をたどっているわけである。

第2章において、経済成長率と株価変化率が大きく乖離した期間として、1940年代を挙げたが、その中でも特に戦時期においては、政府による株価への介入が強化された時期である。以下では、戦時期の株価対策について整理したい。株価が大幅に下落するような経済危機にあって、政府が様々な対策を講じてきた歴史の1つとして、非常に参考になる事例でもある。その特徴は、通常の経済政策とは異なり、直接的に金融市場に政府が介入している点であろう。

たとえば、通常の場合には、金利を引き下げて資金調達を楽にする金融緩和政策や、減税や公共投資拡大による財政拡大政策などが、落ち込む経済にはたらきかける政策として採用されてきた。経済危機の際には、人々の将来に対する期待が委縮し、悲観的な見通しが台頭するので、足元の資金繰り悪化や需要減退に対する不安を取り除こうとするわけだ。この期待感の落込みが回避できれば、企業業績見通しも好転し、株価も落着きを取り戻すはずである。しかし、時として、通常の金融・財政政策だけでは、人々の期待感を回復できない場合もある。第二次世界大戦時に至る過程で、戦線を拡大させていった1930年代から40年代にかけての日本は、自由な企業活動に手枷足枷がはめられ、人々の期待感が委縮した。大陸での戦争が長期化し、さらには米国等による対日資産凍結が実施されると、二進も三進もいかない状況に追い込まれたわけである。当時の政府は、長期金利を低位で固定化し、財政拡張も国民総生産の2倍を超えるまでに膨らませていたが、一般的な金融政策も財政政策も手詰まりを迎えていた。

そのため、人々の期待感の低下を避けるために、日中戦争以降に各種の「株価維持機関」を設立し、不安定化する株価の変動を抑制したのである。金融市場を通した価格決定のはたらきは、自由な経済システムにとってはなくてはならないものだが、各種の政策効果が剝落《はくらく》した際に、最後は直接、株価や市場価格に政府等がはたらきかけたのである。不安定化する経済情勢や政治環境の中で、市場価格の安定まで得られなくなれば、輪をかけて世の中のセンチメントを悪化させることになるであろう。そのため、世の中の政治経済情勢が悪化すればするほど、政府等による市場価格の変動率を抑制する動きは強化されたわけである。

戦時期に至る株価維持機関

この戦前の株価維持機関は、時代が進むとともに、3つのステップを踏んで強化された。第一ステップでは、主に民間部門が協力して、株式を買い取る機関を設立した段階である。1930年には、生命保険会社により共同で設立された「**生保証券**」、そして1935年には「**第二次生保証券**」が設立されている。また、東京株式取引所関係者等は、1937年に「**大日本証券投資会社**」を、1941年には「**日本証券投資会社**」を設立している。国債市場に対する価格管理のように、戦時金融統制が画一的に強化されたのではなく、むしろ市場取引を維持するという観点から、民間主体で対策機関が設立されていった点は、大きな特徴として指摘できるだろう。

これらの株価維持機関は、戦後の共同証券と同様に、民間部門の中でも株式市場との関係が強い団体や人々による設立であり、政府が直接、金融市場に関与するという性格のものではなかった。そのため、株価維持の効果は乏しかったものの、一方で強化される戦時統制による介入が企業経営の負荷となってしまった。軍需産業の利潤統制、会社経理統制令・銀行等資金運用令による会社・銀行の経営に対する介入強化、証券業者への監督強化方針打ち出しなどが相次いで実施され、民間主導で株価維持機関が設立されたものの株式市場はなかなか好転しなかったわけである。

しかし、次の第二ステップは、１９４１年に日本証券投資がすでに購入した保有株式を肩代わりする「**日本協同証券**」が登場する段階である（戦後の日本共同証券と呼び方は同じだが、漢字も内容も異なる）。この日本協同証券には、日本興業銀行（特殊銀行）による無制限融資方針が示され、官の協力を得て設立された点で、第一ステップとは異なる強力な株価維持機関であった。この段階では、政府による関与が強化されたことから、準政府機関として、株価の変動を抑制するという存在になっており、民間主導の機関とはまったく異なる存在に格上げされたと言ってよいだろう。

さらに１９４１年８月には、**株式価格統制令**が公布・施行され、株価の最低価格を限定することが可能になった(11)。また、会社所有株式評価臨時措置令の公布・施行は、株価の下落により生ずる法人所有株式の評価損を、時価を超えて直前事業年度末の価格で評価できるというものであり(12)、企業による株式保有意欲を維持するための方策として実施されたのである。このような**株価維持を目的とする統**

制は、株式市場の変動を抑制し、時限的には安定化に貢献したと言えよう。

その後、1941年12月には、日本が真珠湾を攻撃し太平洋戦争が始まるが、株価は新東株（東京株式取引所新株）を中心に大暴騰し、株式市場は全面高となった。大幅な株価上昇は、投機性の高まりから市場変動率を高めたため、政府は一転して株価抑制介入を実施することになる。政府は、株式価格統制令を改正し、株価の最低価格だけでなく最高価格も限定可能とし、東京株式取引所は、株価抑制のために証拠金率を引き上げ、そして大蔵省は、投機取引を抑制するためのキャピタルゲイン課税（清算取引の売買差益への課税）を実施した。日本協同証券は、「株価投機に対して1941年12月中旬に最初の売出動を行い、さらに1942年1月も株価の騰勢が衰えないため、売り出動を続けた」[13]のであり、当時の政府が、株価下落による期待感の喪失だけではなく、過剰な株価上昇による期待感の爆発をも憂慮していたことが確認できる。相次ぐ株価抑制策の発表は、それだけ早期の戦勝期待を背景にして、株価が上昇したことの裏返しであった。

この時期における政府の関心は、株価を支えるのではなく、むしろ上昇する株価を抑えることに力

---

(11) 柴田（2011）232～235頁参照。株式価格統制令は、個別銘柄の下限価格を政府が決定するものであるが、1941年12月15日の改正では、上限価格も決定できるようになる。しかし、敗戦まで下限価格と上限価格の指定は一度も実施されずに終わった。
(12) 柴田（2011）232～235頁参照。
(13) 柴田（2011）241頁参照。1942年3月期の日本協同証券は、生保証券所有株式の肩代わりによる受渡しがあったため、売介入したものの保有株式額は増加した点が示されている。また、1942年7月14日には、政府は、「生保証券に対し生保統制会々員と株価抑制につき協議すべきことを命ぜよ」と生保統制会に指示している。

を割いていた点は重要である。つまり、行き過ぎた株価上昇と、行き過ぎた株価下落という両方向での変動を抑え込むことで、株式投資にかかるリスクを抑制することを意図していたのである。そもそも、市場変動の縮小を図るならば、片務的に上昇もしくは下落の一方向のみの過度な変動を抑え込むべきではないだろう。その点で、戦前期の政府の市場に対する姿勢は、この点を十分に理解した上での対応であったと考えうる。株式市場に対する政府のオペレーションは、買付も売却もあり得たわけで、市場の不安定性を解消する本来のあり方を示すものである（もちろん、その水準の計測手法には恣意性の余地が残ることは免れない）。

戦時金融金庫と日本証券取引所による株式市場介入

株価維持機関の第三ステップは、「戦時金融金庫」が、1942年に政府が過半を出資する政府機関として、日本協同証券を吸収して設立された段階である。戦時金融金庫は、自ら政府機関債の1つである戦時金融債券を発行して資金調達することが可能であり、潤沢な資金を背景に株価安定を推進する能力はずば抜けて高かった。この能力が発揮されるのは、ガダルカナル島失陥が象徴するように、戦局の悪化が浸透するにつれ、株価が軟調に推移して以降であった。実際に、欧州では枢軸国イタリアの無条件降伏とドイツ軍の後退が伝えられ、さらに1944年7月には、サイパン島失陥の衝撃から、株価は大幅な下落を記録する。この段階で、戦時金融金庫による買い出動が強力に実施されるようになったが、B29による本土空襲が始まり相次ぎ主要都市への爆撃と戦災が拡大したため、株式市場参加者のセンチメントは悪化し、株価も伸び悩むことになった。

特に、歴史に大きな爪痕を残した1945年3月10日未明の東京大空襲の被害は甚大であり、大蔵省は、戦時金融金庫の再強化策を決定した。東京大空襲により、市場閉鎖が余儀なくされ、株式市場は奈落の底へ突き落される危機を迎えたからである。市場再開にあたって政府は、戦時金融金庫による**株式無制限買付**を決定した。その内容は、大空襲前日の3月9日最終価格（**3・9価格**）での無制限の株式購入の決定であったため、当時の市場参加者は、株価が3・9価格を下回る心配をせずに済むようになった。つまり、一定価格での買支えが意図されたため、大幅な保有株式による損失が抑制されることになったわけである。

戦時金融金庫による清算・実物取引市場での購入銘柄は、東京市場清算取引で250全銘柄、大阪市場の同取引ではそれ以外に20銘柄程度であり、実物取引では920~930全銘柄であった。この銘柄選定にあたっては、主力株に絞るか全銘柄を対象にするのかが議論になったものの、「**一つこの際思い切つてやらうということになつたのです（中略）抽象的な政府の決意を表現しようといふ意味があつたのです**」と、式村義雄大蔵省理財局長が表明している[14]。

この決定は、当時の株式市場参加者にとっても、現代を生きるわれわれにしても、熟慮に欠ける精神主義の表明だと感じさせずにおかない。戦時末期の危機に際して、合理的な思考による政策効果の追求よりも、市場参加者の期待にはたらきかけるための短絡的な政策決定であり、夜郎自大の誹りを

(14) 東洋経済新報（1945）では、式村義雄大蔵省理財局長に加え、徳田昂平東京取引員統制組合理事長、飯田清三野村證券社長、澁谷信一日證市場部次長による座談会「非常事態下の證券市場」が1945年3月20日に東洋経済新報本社において開催された内容（戦時金融金庫による無制限買付の対象銘柄や経緯等）が記されている。

免れないであろう。特に「抽象的な政府の決意を表現しよう」という件については、本来慎重に実施されるべき政府による市場介入における汚点として、歴史に刻まれてしまった。一方、1960年代の株価維持が特定の銘柄に限られて、銘柄間の格差が拡がる「市場の歪み」が生じるのも問題である。これは、株価維持機関の存在・不存在が、株式市場全体の水準ではなく、個別銘柄の価格決定の格差を生じさせてしまうことを意味する。この観点から全銘柄を購入するという意義はあったと言える。株価維持については、このような「市場の歪み」が生じないこと、具体的な事実に基づく状況判断と対応が求められるべきであろう。

ところで戦時金融金庫による株式買入にかかる代金（1944年7月1日～45年6月20日）は、888,734千円（東京・大阪市場の清算・実物取引合計）まで拡大したが[15]、市場での売りを買い支える程度の効果しかなかった。むしろ空襲の影響が大きく、通信、交通網の被害により、市場介入による株式売買・受渡しが困難を極めるのであった。そのため、1945年の7月2日からは、戦時金融金庫に代わって**日本証券取引所**が買い出動するようになった。「証券取引所が自らの開設する市場で買い支えをするとはいかにも奇妙な感じがあるが、日本証券取引所には設立当初からこのような機能が付与されていた。そもそもそれまでの株式会社組織の株式取引所を廃止統合して特別法で作られた戦時金融組織であり、形の上でも政府出資が四分の一であった[16]」ため、政府による介入政策の主

(15) 大阪証券業協会（1951）355頁参照。
(16) 小林（2002）49頁参照。総じて、株式買取機構については、大恐慌以前の米国の事例も視野に入れ、経緯が詳述されている。

軸として、最後の最後に登場することになったわけである。日本証券取引所による株式買入代金（1945年7月2日〜同8月9日）は、わずか1か月強の期間にもかかわらず、290，600千円（同）であり、驚異的な額を買い付けたと言えよう。興味深いことに、株式会社制度を採用していたわが国の取引所は、1943年以降、政府の参加で統合が図られ、一種の政府系機関に転じていたため、胴元自ら場に参加する事態に至ったのである。市場参加者にしてみれば、市場の管理者が、市場で決定される株価に介入するのであるから、その管理者に逆らう余地はなかったと言えよう。

このような介入の結果支えられた株価ではあったが、1945年8月9日のソ連参戦を機に株式取引は停止に追い込まれた。そのため、8月9日の株価である「**8・9価格**」は、戦前・戦時期の最終価格となったのである。(17)

株価操作で二極化した株価

それでは、戦況の悪化に伴い実施された究極の株式無制限買付という市場介入は、個別銘柄の株価形成にどのような影響を与えたのだろうか。本土への空襲が激化する中で、戦時金融金庫は、3・9価格での無制限株式買付を実施するが、3月17日から立会を再開するに際して、大蔵省の態度を反映して戦時金融金庫の株価安定対策が一層強力にはたらくとの観測が東京市場で台頭した。(18) 3月17日の

(17) 8・9価格は、日本証券新聞紙上で記録されている気配価格であることや、主たる取引として清算取引を軸にして戦前期の最終売買価格を把握すべきである点等から、戦前最終価格を1945年7月にすべきとする小林（2012）等の見解もあるが、公式に8月9日までは売買が存続されていたという点を重視して、本書では最終売買価格を8月9日とした。

戦時金融金庫による買い出動では、実物市場の売買高が「稀に見る好況で概算廿六萬株に達した」[19]とされている。この株価維持政策の効果について、戦前期の株式市場を代表する旧短期清算取引対象銘柄（18銘柄）の株価推移を日次ベースで検証すると、1945年の株価形成にいくつかの特徴がある点が確認できる（1945年には短期清算取引自体は廃止されている）。

対象とした銘柄は、日本産業経済（現日本経済新聞）の「東京実物気配」記載順に、日本郵船株、日本郵船新株、日本鋼管株、浅野重工業（小倉製鋼）株、日立製作所株、三菱重工業株、日本鑛業株、北海道炭礦汽船株、日本石油株、鐘淵工業（鐘淵紡績）株、鐘淵工業（鐘淵紡績）新株、日糖興業（大日本製糖）株、鹽水港製糖株、大日本麥酒新株、東洋レーヨン新株、南滿洲鐵道株、滿洲重工業開發株、帝國人造絹絲新株の旧株13銘柄、新株5銘柄の計18銘柄である。なお、日本郵船新株は、1945年3月に満額払込済株となり、4月以降は17銘柄とした。

第一に、無制限株式買付実施後（東京市場が再開された3月17日以降）の株式市場は、株価の変動が極端に抑制された銘柄と、売買高が多く変動率が顕著に低下しなかった銘柄への二極化が発生していたことが明らかになった。変動率が低下しなかった銘柄の中でも、日本郵船株、日本郵船新株、鐘淵工業株、鐘淵工業新株の4銘柄は、市場動向を示す指標とされてきた東京株式取引所株および同新株（東株および新東株）に代わり、経済環境、戦況を反映して株価が機動的に変動している。いずれ

---

(18)『日本産業経済（現日本経済新聞）』1945年3月16日。
(19)『日本産業経済（現日本経済新聞）』1945年3月18日。

も無制限株式買付により株価は、底堅く推移したが、中でも4月17日の東京市場では、休会中の大阪市場での株高や一時的な沖縄戦での楽観見通しを好感し、日本郵船株中心に急騰した(20)。引き続き4月20日前後まで株価は総じて上昇するものの、その後は6月末までにかけて下落基調に転じている。しかし、7月2日以降、市場介入のバトンを戦時金融金庫から受け継いだ日本証券取引所が実際に介入するようになると、その影響力が大きく、株価は再び上昇に転じた。日本証券取引所は、戦時金融金庫よりも一層強力な株式買付を実施し、介入効果が大きかったことが裏づけられる。

第二に、変動率が低下しなかった銘柄の中で、消費関連株である大日本麦酒新株、東洋レーヨン新株、帝國人造絹絲新株は、日本郵船株等と同様な株価推移となっている。これらの株式は、戦時期に業績が上昇する銘柄ではなく、平時に業績が積み上がる業種であるため**「平和株**（紡績・食品・百貨店等）」に位置づけられる。そのため、7月から8月にかけて、株式市場が戦争終結を事前に織り込み始めた結果として、堅調な展開になったと解釈することも可能であろう。日本鑛業株や北海道炭礦汽船株といった軍需産業（鉄鋼金属精錬・造船造機等）の一部銘柄の株価は、7月は横這い、8月に入っての数日間だけしか上昇していないため、平和株と対照的な値動きであった。このことからも、平和株に対する売却圧力は、終戦が近づくにつれて、相対的に弱まったことが推察される。

第三に、変動率が抑制され、ほぼ3月後半以降の株価が3・9価格に張り付いていた銘柄が複数存

(20)『日本産業経済（現日本経済新聞）』１９４５年4月18日には、「休日中の大阪高、旁々南西諸島の戦果を好感して、諸株一斉に急騰し、郵船の七円十銭高を筆頭に紡績、人絹、繭糸、毛織等の繊維株の昂騰が著しく、市況も頗る活発であった」と記されている。

図17 東京市場実物気配株価

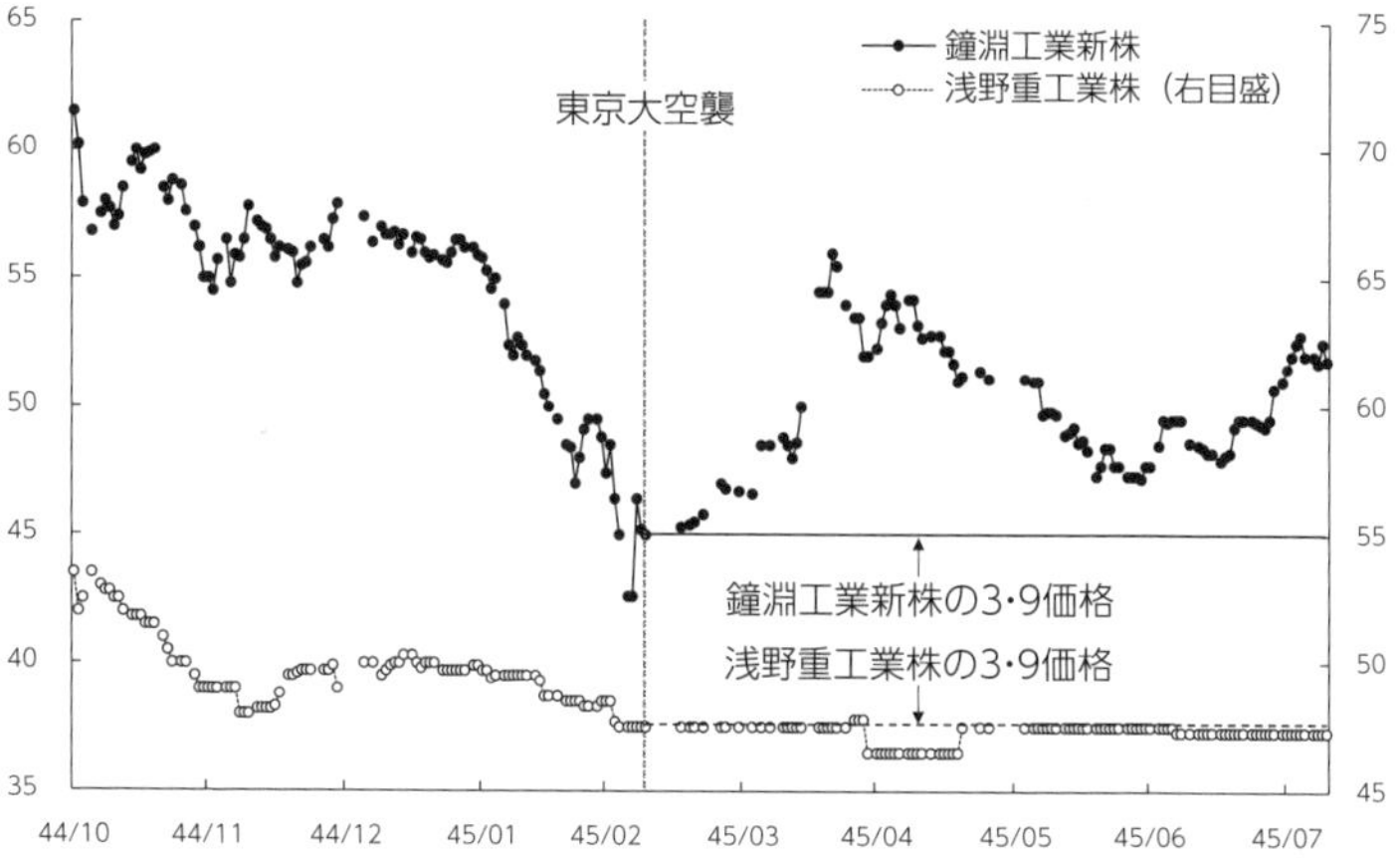

（出所）「日本産業経済」（現日本経済新聞）のデータを基に著者作成。

在する。軍需産業に位置づけられる時局株であり、投資家からの売却圧力に対して、戦時金融金庫ならびに日本証券取引所による買支えにより、辛うじて株価が維持された銘柄と考えられる。日本鋼管株、浅野重工業株、日立製作所株、三菱重工業株、日本石油株、満洲重工業開發株が該当するが、このほかにも日糖興業株、鹽水港製糖株といった精糖業の株価もほぼ固定化されている。政府の株式市場介入により、株価が固定化され、経済環境の変化に応じた株価形成機能が後退し、株価が固定化されたものと想定される。日本郵船株等の変動が維持された銘柄との二極化が際立つとともに、心電図の波形が一直線に固定化された心肺停止状態にも似た状態に追い込まれた企業群と考えてよいだろう。つまり、政府の市場介入により、一部の銘柄については、市場の価格決定機能が奪われてしまったことを意味すると言えよう。

図17は、株価変動が維持された鐘淵工業新株と、

価格変動が消失し半固定化した浅野重工業株の株価推移を示したものである。両銘柄とも共通するのは、戦時金融金庫等による無制限株式買付により、市場再開後に、3・9価格を上回って推移している点である。売買高の多かった鐘淵工業新株の株価は、戦況の変化に応じて変動している一方、売却圧力が高かったと想定される浅野重工業株は、株価が3・9価格で半固定化され、見事に買い支えられているのが確認できる。大量の資金が株式市場に投じられるという「量的介入」だけではなく、価格水準を特定する「価格介入」の効果は絶大であったと言える(21)。

以上のように、戦時金融金庫や日本証券取引所による株式無制限買付が実施されたにもかかわらず、主要銘柄(旧短期清算取引対象銘柄)だけをみてもいくつかに類型化でき、株式市場の価格決定における多様性が、部分的とは言え残存していたと考えうるだろう。そのため、戦時末期においても、特定銘柄の推移を確認することをもって株式市場全体の動向を判断すべきではなく、より多くの銘柄を対象としつつ、時系列比較可能な修正を加えた株価指数の算出が求められるわけである。また、このことから確認できるように、政府の株式市場への介入により、活発に値動きが維持された銘柄と、株価は維持されたものの値動きに乏しくなる銘柄に二極化した事実は、株式市場への政府介入の行き過ぎがもたらす市場の歪曲化の事例として、再認識すべきであろう。

戦時期においては、その末期に至るまで、市場介入の度合いは徐々に強化されていったが、介入は一定程度、効果を発揮したと考えられる。流動性の高かった銘柄群や平和株については、経済環境の

(21) 拙稿「経済政策、株価への効果見極め」『日経ヴェリタス』2020年4月5日参照。

変化を株価に反映させていたものの、軍需関連銘柄群は、経済環境等の変化を反映できなくなり、国債市場と同様に市場は半固定化したと言えそうである。強烈な介入により、このような二極化が発生している点では、株価維持機関のオペレーションは、「市場の歪み」を生じさせたと言ってもよいだろう。[22]

ここで株式購入段階での株価維持機関の特性を現在と比較して整理しておこう。現代の株価維持政策は、株式市場の変動率を抑えるのであれば、行き過ぎた株価を抑制した戦前のような売オペレーションもするはずだが、資産売却については検討されていない点で1940年代とは異なる。広範囲の銘柄をカバーする株価指数連動型ETFを購入している点で（全銘柄性）は、現在と1940年代は近似しているが（現在も指数に組み入れられていない銘柄もあるため不完全である）、1960年代とは異なる。また、現在は、価格基準を設けずに、量的基準を設けて介入しているのに対して、1940年代の量的基準は無制限であり、3・9価格という最低価格を定めている点で、かなり強力なものであった。ちなみに1960年代の場合には、旧東証修正株価平均（東証1部ダウ）の1、200ポイントを最低防衛線としたため価格基準を設定したが、量的限界があった点で異なるものであった。

(22) 詳しくは、平山（2020a）参照。

3　証券民主化運動との比較

財閥解体と証券民主化運動

戦時期の株価維持機関による株式市場への積極的な介入は、不安定化する金融市場の動揺を抑え込む効果はあったはずである。一方、終戦後には、占領下における財産税の導入等に伴い、多くの株式が政府により吸収されたが、その経過は次のようであった。

日本証券取引所による積極的な株価維持にもかかわらず、１９４５年８月９日のソ連参戦を機に株式取引が停止された。その後、取引所での株式売買は、１９４９年５月の東京証券取引所を含む各地の取引所開設まで行われなかったのである。しかし、１９４５年から１９４９年までの44か月間は、取引所取引が存在しない空白期だったにもかかわらず、市場参加者主体の**店頭取引**および**集団取引**が行われていた。店頭取引とは、取引所に売買を集中するのではなく、証券会社が自ら投資家の売買相手となる取引（相対取引）のことであり、また、集団取引とは、店頭取引の延長として、一定の場所において、一定の時間に、特定の者が一定の方法によって有価証券の売買および受渡しを行うものである。集団取引は、店頭売買の増加に伴い、各証券業者間の約定および受渡しの便宜のために、自然発生的に行われるようになった。

戦時の株式市場への強烈な政府介入にもかかわらず、市場参加者は自由な市場取引を求めて、終戦間もない１９４５年９月には、焼け野原の大阪の北浜で店頭取引が始まっていた。**ボトムアップ**による民間部門の逞《たくま》しさは、戦時の暗い時代を吹き飛ばし、わずか1か月で、自由化への道、すなわちレフト・スウィングを開始していたのである。集団取引も東京において1945年12月17日から始まるが、株式市場の1946年以降は、戦後の財閥解体・証券民主化の大きな変動が待ち受けているのだった。

株式市場は、連合国軍最高司令官総司令部・連合国軍最高司令官（GHQ／SCAP）の指導の下で相次ぎ制定される法律など多くの政策に翻弄されることになる。1946年には、金融緊急措置令および日本銀行券預入令公布による**預金封鎖・新円切替え**が実施され、戦時補償特別措置法、企業再建整備法、財産税法が制定され、1947年以降には証券取引法制定と改正、**証券民主化政策**など、実に多くの株式市場に影響する政策が制定されているのである(23)。

注目すべきは証券民主化政策であり、1946年に設立された持株会社整理委員会（HCLC）が、1947年以降に**証券処理調整協議会**（SCLC）を通じて実施した**財閥株等の政府保有株放出**は、今後の日本銀行が保有するETFについての出口戦略を議論する際にも参考になるだろう。株価維持機関による凍結株の放出とは異なるが、政府による株式市場介入といった統制強化によるライト・スウィングの行き過ぎた結末として実施された保有株式の放出であり、大きな株式需給要因となった。

証券民主化による財閥解体、閉鎖機関整理措置による株式等の処分は、特定の少数株主に集中するこ

(23) 預金封鎖・新円切替えに伴う株価への影響については、平山（2020b）223～228頁参照。日本証券新聞等をベースに、封鎖取引と現金取引の両取引の実物取引店頭売買気配と戦前株価（8・9価格）との比較による変化率、両取引の価格比を算出し、新円切替えによる株価への影響を試算している。

とを排除し、広く国民の間に分散保有させることが意図された。

当然ながら、「大量の証券の放出は、証券市場への影響が大きく、さらに金融市場全体との関係を考慮する必要があった」[24]のは言うまでもない。なんと証券処理調整協議会による処分株式は、全国の株式総額の32%を占めていたことから[25]、株式市場に対する影響も想定できないほどに大きかった。そのため、1947年7月から51年6月までの4年間にわたり行われた株式の放出の集中期間は、経済環境の良好な時期を選んで実施されたのである。具体的には、株式市場が堅調に推移する時期であった1948年2月から1949年10月に集中して売却が実施された[26]。このような大量な株式売却が可能になった背景は何だったのだろうか。株式時価総額の7%程度に過ぎない日本銀行保有ETFと比較した場合に、32%という規模の株式をどのように売却し得たのかは非常に興味の湧くところである。

換物運動と証券民主化の進展

証券民主化での大量の株式処理が可能であった要因としては、①証券民主化運動が軌道に乗ってきたこと、②インフレ・ヘッジとしての株式投資が見直されたこと、③証券金融の拡充を背景にした株

(24) 大蔵省財政史室（1979）374頁。
(25) 大蔵省財政史室（1979）380頁。
(26) 具体的な売却事例は、証券処理調整協議会（2004、2007）『証券処理調整協議会資料』を参照。

式ブームに即していたためと指摘されている。[27] つまり、政策上の手当てと、金融経済環境に即した株式処分により、需給悪化から株式市場が委縮する事態を極力回避したと言え、状況に応じた是々非々の対応がとられたわけである。

特に注目すべきは、戦後の急速な物価上昇を背景に、資産の保全を図ろうとした動きが株式市場に流入したことである。株式は、企業に対する持分を示す証券（議決権）であるとともに、期間利益の配当を受ける権利を保有した証券でもある。さらに重要な株式の特性は、その企業を解散させたときに残る清算価値の配分を受ける権利も有している点である。そのため、債務処理が確定した後の資産の評価額が、急速なインフレーションにより増加するならば、企業の清算価値も上昇するはずである。この点に着目すると、株式は、議決権や配当を受ける権利にも増して、インフレーションにより再評価される実物資産への投資という位置づけがクローズアップされた。預金や現金として保有していたのでは、急伸する物価の前に目減りしてしまう。さりとて大量の物資を買い込むことはできず、手元金融資産等の価値を維持するためには、実物投資の代替として株式投資するのが手っ取り早い。つまり、手持ち資金を物に交換する**換物運動**の一環として、株式投資が奨励されるようになったのである。当然ながら、このような動きを端緒として、株価の上昇が始まれば、上昇が上昇を生む回転が生まれ、話題を呼びブーム化するはずである。

ところで、ライト・スウィングが行き詰まり、国際的な対立が行き着くところの戦争では、様々な

---

(27) 大蔵省財政史室（1979）381頁。

社会基盤が破壊されたため、復興するために様々な資材や労働力が必要となったのは言うまでもない。これは、モノや労働サービスの希少性が高まることを意味するため、物価や賃金の上昇スピードが加速するという現象を生む。いわゆるインフレーションであり、世界史を繙いても、戦時や戦後の復興期に特有の物価急加速が取り上げられることが多い。第一次世界大戦後の敗戦国ドイツでは、「店に入り、支払をするまでの短時間で値段が上昇する」と揶揄《やゆ》された。これは、ハイパーインフレに絡めた有名なエピソードであるが、特に敗戦国の状況は悲惨を極めたのが歴史の習いである。現代におけるライト・スウィングは、社会基盤を破壊する従来の戦争とは異なり、情報インフラを麻痺させて日常生活に打撃を与えることや、グローバルなサプライチェーンから締め出すといった手法で、対立国に打撃を与えるケースが増えている。従来とは異なりグローバルに相互依存関係が強まっているため、グローバル社会からの分断は、比較にならないほどに大きな影響を与えるからだ。

繰り返すとインフレ率が上昇するならば、手持ち現金などの実質的な価値は目減りしてしまうことになる。わが国では、戦後の5年間（1945年8月基準）で東京小売物価指数は、約100倍になったため、購買力は100分の1に実質的に減価されてしまった。しかしこの時期のインフレーションは、公式の東京小売物価指数だけをみていたのでは把握できない。戦前については、第4章でも検討するが、公定価格ではなく実勢価格でみていかないと、家計部門の物価に対する行動の背景を理解できないと言えよう。戦後の実勢価格は、日本銀行が発表している「東京闇及び自由物価指数」（消費財）を参考にすることができるが、興味深いことに、戦前期に東京小売物価指数が基準とする公定価格は、政府の統制により低く抑制されていたため、戦後に大幅に上昇している。そのため、実

図18 終戦直後の物価指数と株価指数

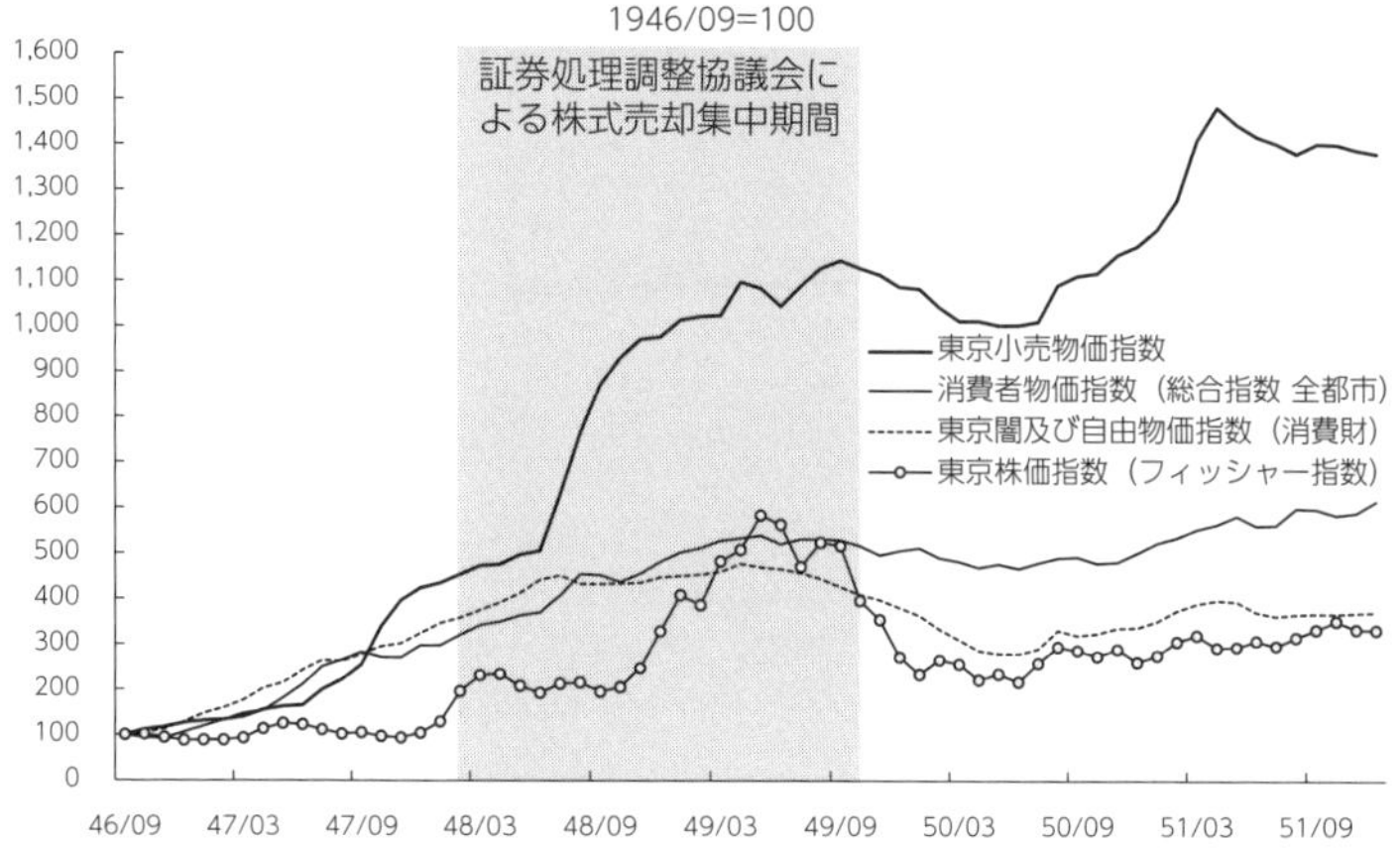

（出所）日本銀行のデータを基に著者作成。

際の物価は、東京小売物価指数ほどに上昇しているわけではなく、実勢価格ベースの東京闇及び自由物価指数（消費財）で確認すべきである。

第二次世界大戦終戦時に株式を保有していた場合、戦後のインフレーションに耐えることができたのか。どのインフレ率を採用するか、もしくは、どの株価で比較するかによって結果は異なってくるが、1つの目途として、ここでは数値の目途を計算してみたい。日本の株式市場は、日本銀行のデータによれば、1946年8月以降の東京株価指数（フィッシャー算式・東京証券取引所調べ）で確認できる。配当込指数ではなく、時価総額加重平均指数ではないという難点はあるものの、**図18**では、東京闇及び自由物価指数（消費財）の起点である1946年9月を100として、物価指数と比較している。小売物価指数は10倍を超えるまで上昇しているが、消費者物価指数（総合指数、全都市）や東京闇及び自由物価指数（消費財）は5倍程度である。

株価指数は、東京小売物価指数には及ばないものの、1949年半ばには、消費者物価指数（総合指数、全都市）や東京闇及び自由物価指数（消費財）を上回っているのが確認できよう。その後、財政金融引締政策の影響で株価は軟調に転じたものの、配当も含めれば終戦1年後を起点にした場合は、物価上昇に追随していると言える。現預金であれば、明らかに物価に劣後したため、換物運動の一環として株式市場が活用されたのがうなずける。証券処理調整協議会による株式の集中売却期間である1948年2月から1949年10月の期間に至るまでの期間（終戦から1947年まで）にインフレ率は加速しており、それに遅れて急速に株価がキャッチアップしているのが確認できよう。物価の急速な上昇というフォローの風を受けて、政府による株式の売却が始まったことで、円滑な株式の処分が可能になったのである。逆を言えば、ハイパーインフレがあったからこその株式の売却の円滑化であり、今後、同様の物価変動が発生するならいざ知らず、戦後の大量の政府保有株の放出は、幸運に恵まれた結果であると言えよう。

なお、1950年代初頭には、ドッジ・デフレの影響で、物価も株価も下落し、放出株を購入した多くの個人投資家が大幅な含み損を抱えた点は記憶にとどめておくべきであろう。

株価維持機関の売買と株式保有構成の変化

図16で確認できるように、戦時期の株価維持機関による株式購入の影響は、株式保有構成にも大きな影響を与えている。戦時末期にかけて、事業法人等や個人その他による株式保有比率が急速に低下する中で、金融機関等と政府・地方公共団体の比率が上昇しているからだ。戦時期の金融機関等には、

戦時金融金庫が含まれるため、株価維持機関としての株式購入が反映され保有比率が上昇したものと考えられる。また、戦時末期の1945年には、政府・地方公共団体による株式保有比率が急上昇しているのも特筆すべきであろう。

前節でも確認したが、戦時金融金庫による株式買入代金（1944年7月1日～45年6月20日）が888、734千円（東京・大阪市場の清算・実物取引合計）、日本証券取引所による株式買入代金（1945年7月2日～同8月9日）は290、600千円（同）であり、合計1、179、334千円であり、株式時価総額18、572、475千円[28]を基準とすれば、**保有割合は6・4％であり、株価維持機関の保有株式比率が一定程度まで上昇していたことが確認できる。**この水準は、2020年12月現在、日本銀行が保有する推定ETF残高が、株式市場の時価総額に占める比率である7％程度と偶然にも一致している。また、戦時金融金庫による買付株数17、049、625株と日本証券取引所の同株数5、539、501株の合計は22、589、126千円であり、株数ベースでも株価維持機関による株式保有比率が高まっていたと言えよう。

この後、東京証券取引所が再開されるまでの間で、株式保有構成は、後述する証券民主化運動の影響により大きく変化する。株価維持機関による株式市場介入の前後では、1960年代と同様に、株式保有構成が大きく変動しているのである。1945年度末と1949年度末を比較すると、株式保有比率は、主として事業法人等のシェアが低下し、個人その他のシェアが拡大している。また、個人

(28) 東京証券取引所（1970）716頁参照。1945年4月初の東京・大阪市場合計の時価総額であり、実物取引を含まない。

の持株数は、全体の50％前後から70％前後まで上昇しているのである。財閥により保有された株式などが個人をはじめとする投資家に分散されて保有されるようになったためである。証券処理調整協議会が処分した株式は、前記したように全国の株式総額の32％を占めていたことから、急速に個人比率が高まるという保有構成の変化をみたのである。

終戦後の株式保有に大きな変化が発生したものの、前節でも示したように、ドッジ・デフレ期には、多くの個人その他の投資家が大幅な株式保有による損失を抱え、大量の売却が発生する。その売却先は金融機関等や事業法人等であったため、証券民主化により70％程度まで上昇していた個人その他による株式保有比率は、１９５０年代から１９６０年代にかけて大幅に低下していったのである。そしてこの動きに輪をかけたのが１９６０年代の日本共同証券および日本証券保有組合を介した株式保有の法人化であったのだ。

１９４０年代および１９６０年代の株式保有機関による株式市場への介入後、政府による株式の売却局面を迎えることで、その後大きく株式保有構成が変化しており、わが国のコーポレート・ガバナンスにとっても影響を与えることになると言えよう。一時的に、一般の個人投資家に分散された株式、すなわち議決権も、ドッジ・デフレや証券不況の影響により、持合い化・法人化（機関化）が進み、長期的企業関係に基づく議決権行使の緩みが顕著になったのである。[29]近年、保有比率が上昇してきて

(29) 宮島・保田（２０１５）では、銀行・保険会社と内外機関投資家による株式保有による相違により、企業価値・企業業績の向上に違いがみられることを示している。

いる海外投資家（海外法人等）による日本企業とのエンゲージメント活動や、わが国における信託銀行（年金勘定）やアセットマネジメントによる議決権行使を通したモニタリング活動が強化されているが、株式保有構成の変化はコーポレート・ガバナンスの趨勢を左右することになるだろう。

現在の株価維持機関とみなせる日本銀行によるETF購入についても、過去の歴史が示す株式保有構成の転換と同様に考えていく必要があるだろう。今後の日本銀行の株式保有に対する姿勢とその出口戦略次第で、将来の株式保有構成が変化し、コーポレート・ガバナンスを考える上で大きな課題を提示することになるからである。次章では、第3章で確認した1940年代、1960年代の株価維持機関による市場介入の経緯と帰結を基に、コーポレート・ガバナンス、「市場の歪み」、国債市場との相違について検討してみたい。

第4章

市場介入の課題と今後

ETF購入はどうなるのか？

1　希薄化するコーポレート・ガバナンス？

国債市場オペレーションと株式市場オペレーション

第3章で確認したように、歴史を繙くと、1940年代も1960年代も、日本銀行は株価維持機関の後方に控えていた。植物にたとえるならば、株式市場という外界と接する株価維持機関という「葉」に対して、資金という水分補給の「導管（道管）」の役割を果たしてきた。光合成により生み出した果実（投資成果）が、「篩管（師管）」を通して吸収される仕組みにおいては、「葉」が大切であると同時に、「導管」から満遍なく資金が注入されなければ植物は枯れてしまうだけに、資金供給は株価維持機関の生命維持装置であった。しかし、導管自ら「葉」の役割を担って外界と直に接することはなかった。外界の温度は変動し、太陽の光が差さない日もある。そのような環境変化に対応できる嗅覚を持った「葉」と、水分等を供給するだけの「導管」の役割が異なるのは言うまでもない。日本銀行も株価維持機関もそれぞれ役割がある。にもかかわらず日本銀行が株価維持機関も兼ねてしまうのは、分相応とは言えない。この混同された役割分担の再構成は、自然界の智慧を借りるまでもなく、すでに20世紀の日本金融史の知見に目を向ければ必要不可欠と言えよう。

株式市場と国債市場は異なる。国債市場に接したのと同じように、株式市場に接してはいけない。この間違いを修正するためにも、日本銀行のＥＴＦ購入については、株価維持を目的とする株価維持機関として独立した専門家集団による運営に再編成し、その資金を供給する体制に切り替えるべきだろう。具体的には、表面的には、意思決定が容易であると捉えられている指数連動型株式運用の本質に目を向ける必要がある。具体的には、日本銀行はＥＴＦ勘定を切り分けて、巨額資金を運用するアセットオーナーと同程度の組織体制を整える必要があるだろう。**巨額資金の株式運用をするアセットオーナーは、（１）議決権行使への関与、（２）指数選択、（３）ビークル選択、（４）アセットマネジャー選択についての専門的な情報収集と戦略構築・執行が求められるため**、組織再編も伴い、４つの項目を満たすべきだろう。

ここで言うアセットマネジャーとは、実際に株式市場や国債市場で投資を実施する信託銀行やアセットマネジメント会社等（運用会社）のことを指し、アセットオーナーとは、主にアセットマネジャーを選び資金を委託する公的年金・年金基金等の資金スポンサーのことを指す。前者は、市場動向を調査しつつ決められた運用プロセスに則って投資を行う一方、後者は、その能力を判断して前者を選択する最終投資家と言ってよいだろう。アセットオーナーとは言え、そこに資金を託す受益者や国民の期待に応えるために、真剣にアセットマネジャーを選ぶための体制を整えているのが一般的である。顧客・受益者から投資先企業へと向かう投資資金の流れ（**インベストメント・チェーン**）という点からは、一般の投資信託のように受益者が直接的にアセットマネジャーを選ぶケースと、いったん公的年金・年金基金等といったアセットオーナーに託して、アセットマネジャー選びに長けたアセットオーナーがアセットマネジャーを選択して託すケースがある。**日本銀行は、公式にはアセットオーナーではないが、従来の日本銀行とは異なり、「通貨及び金融の調節」と「信用秩序の維持」を図るために巨額な有価証券ポートフォリオを抱えるようになっているため、実質的にはアセットオー**

ナーと同じ機能も果たさざるを得なくなっていると言えよう。

社会全体のコーポレート・ガバナンスを左右することになるため、(1)の資金委託先であるアセットマネジャーに対する基本方針の提示とPDCAの実行が不可欠なのは言うまでもない。また、株式市場に上場する企業の株式需給を左右する(2)株価指数選択は、株式市場のマイクロストラクチャーを長期的に変えてしまうため、精緻な分析と判断が求められる。参照するベンチマークとなる指数選択は、金融市場への影響が甚だ大きいからである。巨額資金の指数選択に伴い生じる「市場の歪み」を見出して収益の源泉にする市場参加者は、常に鵜《う》の目鷹《たか》の目《め》で巨額資金を運用するアセットマネジャーやアセットオーナーの動きを注視している。第1章で示したように海外投資家は、株式売買シェアが3分の2を超え、株式保有額では3割を占めており、日本銀行の指数選択に絡む「市場の歪み」から生じる利益が海外に漏出するのは回避すべきであろう。

次に、(3)ビークル選択は、投資を実行する際の仕組みを指す。日本銀行においても、同じ株式投資をするにあたっても、「金銭の信託」から上場投資信託という集団投資スキームに投資することも、個別企業の株式に投資するケースもある。この仕組みの違いにより、特に(1)の議決権行使に対する関与のあり方が変化してくるため(1)と(3)は密接に関係した課題である。(4)アセットマネジャーの選択については、現在の日本銀行によるETF購入では、ETFという個別銘柄の選択に関するものになるが、「ETFの銘柄ごとの市中流通残高比例」で購入されている。しかし、各ETFにより運用管理コストに相当する**信託報酬**が異なり、ETFを運用するアセットマネジャーの議決権行使に関する考え方も異なるため、それに応じたETFの選択も考える必要があろう。

日本銀行が国債市場で売買する国債の場合には、その発行体は日本国のみであり、その発行体の選択をする必要がないため株式市場のような課題が生じにくいと言えよう。しかし、株式市場の場合には、20世紀を通して日本銀行がオペレーションを実施してきた国債市場とは異なり、これら4つの課題が存在している。特に、日本銀行が最大の日本株主となるにあたって、その巨額資金性という特性がクローズアップされざるを得ないのが現状である。この点は、社債およびCP（コマーシャル・ペーパー）など個別企業が発行する証券等にも一部当てはまるため、国債以外のオペレーションを積極化させ、あらゆる資産を購入するようになった中央銀行の今後について、全国民的な議論が求められる必要があるだろう。以下では、これら4つの課題について検討するとともに、今後の日本銀行のETF購入についてのあり方についても触れてみることにする。

日本銀行のスチュワードシップ活動

まず（1）の議決権行使についてだが、年金積立金管理運用独立行政法人（GPIF）に代表される大手公的年金も日本銀行もともに、信託銀行等を介しての指数連動型での株式保有が多いという共通点がある。だが、議決権行使に関する関与度合いについては、対照的と言えよう。GPIFに代表される公的年金等の場合は、信託銀行をはじめとするアセットマネジャー等と歩調を揃え、時としてはリーダーシップを発揮してアセットマネジャー等の**スチュワードシップ活動**を推進している。

スチュワードシップ活動とは、投資先企業やその事業環境等に関する深い理解に基づく建設的な**「目的を持った対話」**等を通じて、当該企業の企業価値の向上や持続的成長を促し中長期的な投資リターンの拡大を図る活動のことである。簡単に言えば、顧客など他人から預かった資産を、責任をもって管理運用する受託者責任を果たす活動である。日本銀行の場合には、顧客や他人から資産を預かっているわけではないので、アセットオーナーが果たすべき受託者責任を求められる主体ではない。しかし日本銀行の目的である「我が国の中央銀行として、銀行券を発行する」ことは、国民から託された業務の一環であり、その銀行券等を背景に購入している資産ポートフォリオの運営においては、その巨額性が無視せざるを得ない規模にまで拡張している。この場合の巨額性とは、世界最大の日本株保有者である点や、国内総生産（GDP）を上回る資産規模である点から否定しようがない事実である。従来からアセットオーナーの要件を満たさないため、受託者責任を免れてきているものの、政府のコーポレート・ガバナンス改革と歩調が揃わない姿勢に対して批判も多くなっている。そのため、実質的にはアセットオーナーの役割である受託者責任を果たす機能を発揮できる仕組みが検討されてしかるべきであろう。

具体的には、日本銀行の場合には、2002年末以降、信託銀行を通じて金融機関から買い入れた信託財産株式についての「**議決権行使の指針**」(1)はあるものの、ETFを組成・運用しているアセットマネジャー等のスチュワードシップ活動について、深く関与している姿勢が明示されていない。日本

(1) 詳しくは、https://www.boj.or.jp/finsys/spp/kyoryo5.htm/ 参照。また不動産投資信託（「金銭の信託（信託財産不動産投資信託）」）についても、基本要領の中で、議決権の行使に関する方針を示している。具体的には、「次に掲げる事項を考慮して議決権行使の指針を定め、受託者に当該指針の範囲で善管注意義務に従って不動産投資法人投資口の議決権を行使させるものとする。（1）議決権行使は本行の経済的利益を増大することを目的として行われること、（2）不動産投資法人の投資主の利益を最大にするような投資法人の運営が行われるよう議決権を行使すること」と示されている。

銀行は、株式関連資産を2つの勘定（形式）で保有するものの、保有額が急増しているETFについては、スチュワードシップ活動への関与が鮮明に打ち出されていないわけだ。確かに、日本銀行の場合は、金融政策の一環という一定の目的の下でETFを介して株式を保有しており、公的年金等とは性格が異なるとは言え、金融市場への影響度が大きく、短期的にETFを売却する可能性も低いと考えられることから、アセットマネジャー等に資金を委託する立場からの議決権行使への関与について不問に付していいるわけにはいかない時期に来ていると言えよう。

その日本銀行が作成している「議決権行使の指針」（金融機関から買い入れた株式に対する方針、ETFについての方針ではない）の内容は、以下のような内容である。

① 受託者は、本行の経済的利益の増大を目的として議決権を行使するものとする。
② 受託者は、株主の利益を最大にするような企業経営が行われるよう議決権を行使するものとする。
③ 受託者は、善良なる管理者の注意をもって議決権を行使するものとする。
④ 受託者は、①から③までに従った議決権行使のために必要な限度で、株式の発行者である会社の経営状況に関する情報収集を行うものとする。
⑤ 受託者は、①の目的以外の目的で議決権を行使してはならない。

その上で、「受託者の社内体制の整備等」の中で、「議決権行使にかかる社内体制に関して定める社内規程を本行に提出するもの」として、ガイドラインの策定についても具体的な関与を示している。すなわち「議決権行使の判断基準にかかるガイドラインを定め、本行の承認を得るものとする。これを変更する場合も、同様とする」として、役員等の選任・剰余金の処分・役員の報酬、賞与その他の職務執行の対価として株式会社から受ける財産上の利益・株式および新株予約権の発行・自己株式の取得・合併、事業の譲渡・譲受け、会社分割、定款変更等、特別決議を要するもの・株主提案議案など、主としてコーポレート・ガバナンスに関する議案についての判断基準をガイドラインで網羅すべきものとしている。

当然ながら、議決権の判断は受託機関が行うため、日本銀行の個別の指図を求めることなく議決権を行使するものであると記されてあるが、このような議決権に関する強い関与が、日本銀行により示されていることが重要である。保有する株式についての議決権行使にかかわる指針が信託銀行に対して提示されているにもかかわらず、ETFについては、アセットマネジャー任せになっている相違点については、明確な理由が示されず説明責任を果たしているとは言えない。

ETFの限界と議決権行使強化に向けて

それでは、なぜETFを運用しているアセットマネジャーに対して、日本銀行は、議決権行使の方針を提示していないのだろうか。これは、ETFが集団投資スキームであるため、日本銀行のみがETFの受益者ではなく、他の受益者も存在しているからだ。上場投資信託であるため、日本銀行以外の投資家も購入することは可能であり、日本銀行がETF全体の9割近くを保有するとは言え、残りの1割を保有する受益者に優先して、日本銀行独自の議決権行使の指針をアセットマネジメント会社に要求することは難しい。アセットマネジメント会社は、ETFを保有している受益者に不平等が生じることを避けなければいけない。

たとえば、同じETFを保有する受益者でも、議決権に関する方針は千差万別であり、日本銀行だけが方針を示すことで、アセットマネジメント会社の（個別議案はともかく）議決権行使の方針を左右するならば、混乱を発生させてしまうはずだ。そのため、この方針についてはアセットマネジメント会社に一任されており、日本銀行が関与することはできないのはもっともなことである。これが、巨額資金の株式運用をするアセットオーナーの課題（3）に相当する投資ビークルの選択である。

ところで、日本銀行は、ETFという集団投資スキームを活用するのではなく、2002年末以降に実施した「金銭の信託」の枠を活用し、指数連動型運用（パッシブ運用）をアセットマネジメント会社等のアセットマネジャーに委託するならば、すでに存在する「議決権行使の指針」を転用することが可能だ。この場合は、アセットマネジャーと投資一任契約を結ぶことになる。

投資一任契約とは、投資運用業を営むアセットマネジャーが顧客に代わって投資資産の運用に伴う投資判断や投資に必要な権限を委任されて運用を行う契約のことである。日本銀行がアセットマネジャーと投資一任契約を指数連動型（パッシブ）運用で締結すればよいことになる。投資一任契約であれば、契約における受益者は単独であり、集団投資スキームによる少数受益者との利益相反が生じることもなく、議決権行使の方針を提示できよう。むしろ、さらに発展的に活用して、よりスチュワードシップ活動への関与を強化できるかもしれない。

確かに、ＥＴＦは、取引所で売買できるため、金融政策における資産買入等の基金の運営にとっては、機動的に比率を調整できるというメリットがありそうだが、ＥＴＦ時価総額の9割近くまでを保有する大口の日本銀行が、機動的にＥＴＦを流通市場で売却するというのは現実的ではない。国債市場であれば、店頭取引により一定程度の巨額オペレーションは容易であるものの、ＥＴＦの取引所取引（流通市場）を介したのでは困難と言えよう。そこで実際の売却の際には、受益証券とその口数に応じたＥＴＦ保有の個別銘柄とを交換して得た現物株式のバスケットを市場で売却することになるため、実質的には、金銭の信託（投資一任契約）と変わらない。実際に、わが国の公的年金等の巨額資金を運用するアセットオーナーによる指数連動型運用の大部分は、ＥＴＦではなく金銭の信託（投資一任契約）である。**議決権行使についての関与を確立して、わが国のコーポレート・ガバナンス強化に沿った金融政策を実行しようとするならば、ＥＴＦではなく金銭の信託（投資一任契約）というビークルを用いるべきであろう**[2]。

次に、公的年金最大の年金積立金管理運用独立行政法人（ＧＰＩＦ）のスチュワードシップ活動[3]への関与について確認しておこう。ＧＰＩＦは、２０１７年6月に「**スチュワードシップ活動原則**」および「**議決権行使原則**」を制定している（２０２０年2月一部改定）。

「スチュワードシップ活動原則」においては、運用受託機関に対して、この原則事項の遵守を求め、

(2) なお、ＥＴＦの運用を実施しているのは、限られた一部の運用会社である一方、投資一任契約の運用を実施している運用会社は、より多数存在するため、運用会社間の競争が一層増すことになる。
(3) 詳しくは、https://www.gpif.go.jp/investment/stewardship.html 参照。

運用資産の特性や運用スタイル等の個別事情に照らして実施することが適切でないと考える事項があれば、その「実施しない理由」の説明を求めている。さらに、アセットオーナーとして自らのスチュワードシップ責任を果たすため、運用受託機関のスチュワードシップ活動について、適切にモニタリングし、運用受託機関と積極的に対話（エンゲージメント）するとして、アセットオーナーとしてアセットマネジャーの活動に深く関与することを示している。

また、「議決権行使原則」において注目すべきは、「運用受託機関は、形式的な議決権行使とならないよう投資先企業とのコミュニケーションを重視すること」とした上で、「ESGを考慮することは中長期的な企業価値向上のために重要であると認識した上で適切に議決権行使すること」として、目的を持った対話の強化とESGの考慮について、踏み込んだ原則を制定している点である。特に**ESG（環境、社会、ガバナンス）**の考慮については、アセットマネジメント会社によっても対応が分かれるところである。アセットマネジメント会社によっては、ESGの中でもガバナンス（G）についての課題は重視するものの、環境（E）および社会（S）についての課題認識を第二次的なものと考えるケースもあるが、3つともに議決権行使に反映させる旨の関与をアセットオーナーとして示しているのである。

学術研究の分野では、内外の実証研究を総括すると、現在のところ「ESG投資のパフォーマンスは、ポジティブとネガティブ（もしくは無相関）の2つの相反する結果が示されており、その見方に統一的な見解を見いだせていない」[(4)]とあるように、通説化していないESGとパフォーマンスの関係について、アセットオーナーとして一定の見解を提示している点は注目に値する。中長期的には、

ＥＳＧの考慮が企業価値向上に貢献するとしても、現段階の短期的な実証研究で通説化していない点について、アセットオーナーとして強く関与しているのである。

当然ながら、受託運用機関であるアセットマネジャーは、この原則に則った行動をとるか、そうしない場合にはその合理的な説明をアセットオーナーにすることになる。このように**巨額資金を運用するアセットオーナーと資金を受託するアセットマネジャーの間で積極的な対話（エンゲージメント）が行われている状況と、現在の日本銀行がＥＴＦ購入を漫然と進めている状況は対照的と言えよう。**

さらに、日本銀行が実施する指数連動型運用について、ＧＰＩＦは、「スチュワードシップ活動原則」の中で触れている。アセットマネジャーは、「インデックス構成が投資パフォーマンスを大きく左右する要素であることを踏まえ、インデックス会社が実施するコンサルテーションの機会を活用する」などしてアセットオーナーの利益のため、積極的にエンゲージメントを行うことを示した上で、「市場全体の持続的成長の観点から、企業やインデックス会社にとどまらず関係者と幅広くエンゲージメントを行うこと」を求めている。つまり、指数連動型運用では、その指数すなわちインデックスの構成が投資成果を左右することから、積極的に指数そのものについての関与を深めるべき点をも提示しているのである。連動する株価指数についての買入方針が二転三転してきた日本銀行との違いも鮮明であると言えよう。これは、巨額資金の株式運用をするアセットオーナーの課題である（２）指数選択に関するものである。

(4) 湯山編（２０２０）３頁参照。

今後は、巨額資金を司る使命の観点からも、日本銀行も議決権行使をはじめとする活動に強く関与することを通して、コーポレート・ガバナンス強化の流れの足を引っ張るのではなく、強力に推進していく必要があるのではないか。

2 保有株式の効率的維持のための方策

ETF保有の運用管理コスト

そもそも政策立案における日本銀行内の金融市場分析チームにおいて、株式市場に詳しい人材が少ないという事情はあったとしても、国益を左右する問題であるため、第一級の政策課題として取り組む必要があるだろう。日本銀行が日本株式の最大投資家となっている現在、少なくとも、投資一任契約か上場投資信託（ETF）かという形式要件のみで、国民生活を左右する金融市場への関与に違いがみられることの合理的な説明をする必要があるはずだ。これは、わが国のコーポレート・ガバナンスにとっても重要な課題である。

歴史を振り返ると、1940年代には、戦時金融金庫や日本証券取引所といった政府系機関によって、日本株式の購入が実施され、その後は財閥解体に伴う株式の政府による吸収もあり、政府保有株式の増加により、コーポレート・ガバナンスの危機を迎えたと言えよう。しかし、この時期は、金融統制下にあり、市場機能よりも戦時体制強化を優先する時代であり、健全な議決権行使による市場機能の発揮を目指す時代ではなかった。一方、現代は金融統制期とは異なる時代であり、日本銀行も信託銀行をはじめとするアセットマネジャー等のスチュワードシップ活動等に深く関与する仕組みを再検討すべきことは言うまでもない。

それだけではない。金融政策の一環として株式の保有を続けるのであれば、その運用管理コストに対する検討もしなければならない。かねてより購入するＥＴＦの信託報酬についての疑問が論じられてきた。信託報酬は、運用管理コストとして信託銀行とアセットマネジメント会社に支払われるものであり、ＥＴＦにとっては間接的コストとして運用資産全体から差し引かれる。たとえば東証株価指数に連動するＥＴＦを購入した場合には、東証株価指数（配当込）の収益から信託報酬等を控除したものが真の投資成果となる。当然ながら信託報酬率が低い方が、日本銀行が投資するＥＴＦの投資成果も高くなる。この信託報酬は、ＥＴＦによって区々《まちまち》である。一方、同じ指数に連動するＥＴＦが指数から乖離する収益率（トラッキング・エラー）は、各社が運用するＥＴＦによって大きな差が生じるわけではなく、その影響は僅少である。そのため、信託報酬の違いは、日本銀行にとっては、ＥＴＦを選別する上で重要な選択基準になるはずである。

しかし、第1章で確認したように日本銀行が選択するＥＴＦの投資割合は、従来、時価総額に応じて配分するという基準であった。資産規模の大きいＥＴＦには、それに応じて多くの資金が投入されることになっていたのである。しかし、時価総額の大きいＥＴＦの信託報酬は高めに設定されている傾向があったため[5]、時価総額に応じた購入配分では、日本銀行が負担する信託報酬が嵩上げされていく。時価総額に比例して購入するという方針は、自己増殖的に増やした分をさらに買い増すことにほかならないため[6]、この傾向がますます強まってしまっていたのである。

そこで、第1章の**表3**で記したように、日本銀行は銘柄毎時価総額比例から、銘柄ごとの市中流通残高比例で購入するように変更を加えたわけである。ただし、**本来であれば、より信託報酬に着目したETF選別、すなわちマネジャー選択をすべきと言えよう**。このETF個別銘柄選択および資金配分決定は、巨額資金の株式運用をするアセットオーナーにとっての（4）マネジャー選択という課題を意味する。ETFの運用管理コスト問題は、日本銀行の資産買入の効率的運営の問題だけにとどまらない。信託報酬率は相対的に東証株価指数連動型ETFが低い傾向にあるため、選択する株価指数についてもいっそう吟味する必要があるからである。これは、巨額資金の株式運用をするアセットオーナーにとっての（2）指数選択という課題に関連する。

さらに前節で示した（3）ビークル選択という課題と関連づけて考えると重大な指摘がなされうる。集団投資スキームであるETFの信託報酬よりも、金銭の信託（投資一任契約）の方が、格段に運用管理コストが圧縮されるからである。前記したGPIFの国内株式のパッシブ運用比率（指数連動型運用比率）は、90・9％であり、そのほとんどが株価指数に連動する運用になっている。一部アクティブ運用（相対的にパッシブ運用よりも信託報酬率が高い）を含んだとしても、過去3年間の運用受託機関および資産管理機関への支払手数料（3年累計）から推計した手数料率は、年間0・02％

(5) 原田（2019）34～35頁。
(6) 原田（2020）90～91頁。

である。[7] それに対して、ETFの信託報酬率は、連動する指数にもよるが、年間0・10〜0・20%程度であり、**ETFの運用管理コストは、投資一任勘定の5倍から10倍の水準にある。**

このほかに必要となる経費はあるものの、ETFと投資一任契約では運用管理コストにおいて格段の差が生じている点が明らかであろう。そもそもETFは、多くの投資家が小口で投資できるようにするための集団投資スキームであるのに対して、金銭の信託（投資一任契約）は大口専用の運用ビークルである点で、運用管理コストが異なるのはもっともなことである。少額の投資を前提にした金融政策の一環としての資産買入であればともかく、巨額資金に膨らんだ日本銀行のリスク性資産購入において、ETFを活用することのデメリットが目立つと言えよう。

つまり、**コーポレート・ガバナンスのための議決権行使への関与の深化だけでなく、運用管理コストという観点からも、巨額資金の運用においては、金銭の信託（投資一任契約）の方が優位に立つことから、ETFという投資ビークルを介した株式購入についての再検討が必要であろう。**

株価指数の選択

ETFの信託報酬に関する課題は運用管理コストの問題だけにとどまらない。信託報酬率は相対的に東証株価指数連動型ETFが低い傾向にあるため、株価指数の選択についても並行して吟味する必

(7) GPIFの2019年度「業務概況書」における「運用受託機関及び資産管理機関への支払手数料（3年累計）」の年平均を、「運用資産額・資産構成割合」の国内株式運用資産額（2017年度末〜2019年度末）の年平均で除した比率。

要があるからである。これは、巨額資金の株式運用をするアセットオーナーにとっての（2）指数選択という課題を意味する。

株価指数は、世界中の人々が運用成果を計測する基準（ベンチマーク）となる。銘柄選択により高いリターンを提供しようとするアクティブ運用においては、その運用成果の達成度を、このベンチマークをどの程度上回れたのかにより評価されるからである。株式市場全体の動きを代表する株価指数の収益率を、いくつかの選ばれた銘柄だけで上回ることが持続的にできたとするならば、そのアクティブ運用のファンドマネジャーは優秀であるとされる。それだけに、資産運用業界だけでなく、金融資産を保有する多くの人々にとっても重要な数値を提供するという意味では、株価指数は半ばパブリックな性格を持つツールと言ってよいだろう。新聞やニュースで毎日報道される株価指数は、経済の体温計・血圧計のような役割を果たしていると言えよう。このような重要な機能がある株価指数ではあるが、指数を提供する指数プロバイダーの考え方により、指数計算方法や対象銘柄も異なっている点を認識しなければならない。日本銀行が投資しているＥＴＦも、連動対象にしている複数の株価指数は、主として東証株価指数や日経平均株価、ＪＰＸ日経インデックス４００など、複数存在している。これら株価指数から算出される収益率には、ばらつきがある。

たとえば、組入銘柄数は、東証株価指数が2，176銘柄（2020年11月末現在）であるのに対して、日経平均株価が２２５銘柄、ＪＰＸ日経インデックス４００が４００銘柄であり、東証株価指数はより多くの銘柄を対象にしている点で他の２つと異なる。そのため、より時価総額の小さい銘柄まで指数算出対象にしているため、時価総額の小さな銘柄群の好不調により、他の２つの指数とは異なる収益率になる。また各銘柄のウエイト（各銘柄の収益率を指数化するときの比率）づけも、東証株価指数とＪＰＸ日経インデックス４００が時価総額加重平均であるのに対して、日経平均株価がダウ式である点で異なる。

興味深いのは、ＪＰＸ日経インデックス４００が、資本の効率的活用や投資者を意識した経営観点など、グローバルな投資基準に求められる諸条件を満たした、「投資者にとって投資魅力の高い会社」で構成される株価指数であることを謳っている点だろう。この基準が良好に機能しているのであれば、他の株価指数よりも持続的に高い収益率になることが期待されるからである。

いずれにしても、**株価指数の選択により投資成果が左右されるため、アセットオーナーをはじめとする投資家は、十分な調査の下、指数を選択するという重要な判断を下す必要がある。**特に巨額資金を運用する場合には、自らが市場を動かしてしまうほどの影響力があるため、情報収集を怠ることはできない。株価指数は半ばパブリックな性格を有するものの、政府機関が算出するものではなく、その算出基準も指数プロバイダーの都合により変更されることもあるため、なおさら注視しなければならないのである。日本銀行にあっても、持続的かつ効率的な資産買入を実施するためにも、短期目線での情報収集体制ではなく、変動の激しい経済環境を見据えつつ、購入する株式の基準となる指数の選択が重要になるのは言うまでもない。

ところで、資産運用においては、情報の収集と戦略の構築・執行は分けるのが常識である。日本銀行の資産買入についても、同様の体制が求められるのではないか。

たとえばアセットマネジメント会社の株式運用組織は、経済調査をするエコノミストや企業調査をするアナリストと、投資戦略を構築して執行するファンドマネジャーを分けており、異なるチームに所属しているのが一般的である。これは、情報と作戦の分離であり、変化する環境に対応して意思決定を行う組織にとっては非常に重要な、組織編制上の要諦である。帝国陸軍の情報参謀であった堀栄三は、「作戦当事者が誤るのは、知識は優れているが、判断に感情や期待が入るからであった。それゆえに作戦と情報は、百年も前から別人でやるように制度ができていた」(8)と記しているが、変動率が低く、比較的操作しやすい国債市場に対峙するケースと異なり、経済環境の変化に応じて大きく変動する株式市場に対しては、戦場のように臨機応変に対応する組織編制が必要と言えよう。

また、この調査と戦略・執行の両者の関係が円滑でなければ良好な成果は期待できないため、**最高投資責任者（Chief Investment Officer）**は、この情報収集から意思決定までの流れが円滑にいくように調整し、さらに要員配置していくことになる。特に、客観的に企業状況を調査するためのアナリストの配置は、成果を大きく左右する。また近年では、この情報収集には、オルタナティブ・データ（画像・テキスト等）といったビッグ・データ処理が必要なものも導入され、クオンツ・アナリスト（データサイエンティスト）の重要性は増すばかりである。この情報を軽視し、両者のバランスが著しく偏った事例が帝国陸軍であるのは、優れた組織研究書に詳しい。作戦第一・情報軽視については、米軍調査書に「情報関係のポストに人材を得なかった。このことは、情報に含まれている重大な背後事情を見抜く力の不足となって現れ、情報任務が日本軍では第二次的任務に過ぎない結果となって現

(8) 詳しくは、堀（１９９６）１６６頁参照。

れた」[9]と記されていたとのことである。

翻って、日本銀行のETF購入について考えると、その戦略と実行についての意思決定はあるものの、どれほどの情報収集が図れているのだろうか。巨額資金を運用するアセットオーナーの組織では、実際に投資を実施するアセットマネジャーに近い陣容を揃えて、情報・調査活動を実施しているのに対して、日本銀行の株式市場に対する情報調査体制は、金融政策の一部という幕の内側で「第二次的任務」になっている。過去10年間の施策をみても、（1）議決権行使への関与、（2）指数選択、（3）ビークル選択、（4）アセットマネジャー選択について、すべて後手後手に回り、情報収集が十分であったとはお世辞にも言えないのが現状である。この点に鑑みて、株式買入や指数選択については、大手アセットオーナーと同レベルまでの情報収集体制拡充が求められるべきだろう。

（9）詳しくは、堀（1996）328頁参照。

3 株式市場に非連続的衝撃を与えないための方策

株価操作の帰結と限界（現代との相違点）

経済協力開発機構（ＯＥＣＤ）が２０１９年４月15日に公表した「対日経済審査報告書」では、「大規模な資産買入の結果、日本銀行はそれらを売却することの困難に直面することが予想される」[10]と懸念を表明している。果たして、日本銀行は、１９４０年代や１９６０年代と同様に大量に保有した株式を放出することが可能だろうか。これは日本銀行によるＥＴＦ購入の出口戦略に対する疑問である。当然ながら、シンプルに日本銀行が購入したＥＴＦを売却することをアナウンスすれば、株価暴落につながるため、入念な準備が必要になるだろう。これはＥＴＦ購入時に株価上昇に影響したと結論する実証研究等（前記）を踏まえれば、逆もまた然りであるからだ。

そこで、なぜ１９４０年代と１９６０年代において、２回の株価維持操作と凍結株放出が可能だったのかを振り返ってみよう。注目すべきは、株価操作時の国際資金移動規制と、株式放出時の高成長率という要件であろう。まず、株価維持が実施された１９４０年代は、**資本逃避防止法**と**外国為替管理法**の徹底により、日本圏とそれ以外での自由な資金循環が規制されており、国内資金は国内のみで

---

(10) ＯＥＣＤ（２０１９）では、日本銀行によるＥＴＦ購入を懸念事項としているが、必ずしもすべて正鵠を射た指摘ではないとの批判もある。吉田（２０１９）は、日銀ＥＴＦ購入を２０１９年４月段階で限界を迎えているとするのは誤解に基づくものであるとしている。

循環していたため、資金統制が機能しやすい環境にあった。日本銀行が国債引受を実施するタイミングで、高橋是清蔵相は、資本逃避防止法からなる一連の為替市場での投機を抑制する仕組みをつくりあげていったのであった。また1960年代においても、国際資金移動は制限されており、資金は国内の資金需要を満たすように配分されていたと考えてよいだろう。

次に凍結株の放出が実施された1940年代後半も1960年代後半も、物価上昇と高い経済成長を背景に、企業業績が現在とは比較にならないほど上昇していた時代である。確かに、1940年代後半の株式放出額（時価総額の32％程度）は、2020年末現在日本銀行が保有している株式（時価総額の7％程度）よりも時価総額に与える影響度は大きかったかもしれないが、戦後の高インフレによる換物運動という非連続的現象の中であったため株式放出が円滑にいったと考えられる。

しかし、**現在は、戦時経済・戦後復興期でも、高度成長期でもない**。株価維持を可能にした資金国内滞留のための政策はなく、自由な国際資金移動が認められている。むしろ、**わが国の株式市場は、海外投資家の売買シェアが3分の2を超え、海外投資家の保有額では3割を占めており、国内株式市場の趨勢を決定する主体は、1940年代や1960年代とはまるで違う**。自由な国際資金移動を背景に、**日本銀行による株式市場の操作可能性は格段に低いと言わざるを得ない**だろう。

一方、第2章で検討したように、現在は、人口増加率はマイナスになり、生産年齢人口比率も低下している状況下で、とても1940年代後半や1960年代後半のような成長は期待できない。大量の株式を受け入れるだけの経済成長に対する期待感に乏しく、一定程度の優遇策を設けたとしても、長期的な株式保有につながるものではない。たとえば、時価から一定程度価格を引き下げた割引価格でETFを個人投資家に保有させるという出口戦略案もある。しかし、長期保有優遇策を付帯したとしても、1940年代後半や1960年代後半のように経済成長や企業業績の急速な好転が期待できなければ、相当程度の価格割引が必要であろう。その場合、かなり優遇された割引価格でETFを購入できる人々と、購入できない人々との間での不平等が生じる。日本銀行による資産買入の延長線上に、格差がより拡大する状況が生まれる可能性が高まるというのは、金融政策として適切とは言えない。また、株式を保有する投資家は、持ち株を売却した資金で割り引かれたETFを購入するため、株式売却圧力が高まってしまう。

さらに、1960年代の場合には、第3章で記したように、金融機関や事業法人に株式保有が促され、凍結株の放出が円滑に進んだ。一方、現在は、金融機関の財務体質向上や事業法人の持合い解消の観点からも、これらの主体での株式の買取りは困難であるとともに、従来の日本政府の政策対応（コーポレート・ガバナンス改革）と異なるものになるため、実現可能性は低いと言える。その点から考えれば、**日本銀行が購入したETFの出口戦略として、株式の放出を選択肢として考えることは、1940年代や1960年代の経済社会環境とは異なるため、現実的とは言えない**だろう。

ところで、従来の株価維持政策も凍結株放出を含めた政府の経済政策も、結果的には国民にデメリットをもたらしたことを忘れてはならない。第一に、株価維持を図っていた1940年代は、必ずしもその成果は国民に行きわたらなかった。1944年以降、政府により規制された「**公定価格**」は、徐々に物価が上昇する緩やかなインフレだったものの、実勢価格による「**闇物価**」は急騰した。終戦までの2年弱で闇物価は、約10倍になった可能性も指摘できる。3・7％弱の利回りで大東亜戦争国庫債券に投資していた預金部や金融機関の場合は、その資金を調達する際の金利が国債利回りより低ければ利鞘を得ることが可能であり、あえて物価の情勢を考えることはなかったかもしれない。しかし、個人の金融資産はそういかないはずである。家計の金融資産の大宗を占める郵便貯金などの金利は、1944年に3%を下回っており、株式の配当利回りも6%程度であったため[11]、急騰する物価ペースには到底及ばなかったからである。日々、生活必需品や食料を購入し続ける家計にとって、国債や預貯金により得られる金利はわずかであったが、生活物資の価格は高騰したのであるから、たまったものではない。

家計が保有する国債、株式等は、購買力が時間とともに減価していったのである。この影響で、1945年の家計の実質支出は、1875~80年並みの水準まで落ち込んだとの研究もある[12]。つまり株価や名目価格（公定価格）は、政策的にコントロールされたものの、国民の生活は極端に悪化しており、政策発動の綻びが各所でみられるようになったのである。政策の目的である「物価の安定」が果たせない中で、政策手段の徹底化にのみ目が向かったという失敗の事例と言えよう。株価は維持されたものの、実質的な投資成果や国民の暮らしは奈落の底に突き落とされたのである。

第二に、繰り返しになるが1940年代後半に換物運動の一環として大量の放出株を購入した個人投資家は、その後のドッジ・デフレによる株式市場の暴落により、投げ売りを余儀なくされている。

(11) 詳しくは平山（2019）172~173頁参照。
(12) 詳しくは小池（2020）参照。

この投げ売りされる株を吸収したのが、金融機関や事業法人だったのである。また、1960年代の株価維持機関による株価維持により証券不況を乗り越えることはできたものの、現在大量に積み重なる国債の発行開始の要因ともなり、さらに株式の持合い強化に至った点は否定できない。図16を確認するまでもなく、株価維持政策とその後の出口戦略は、わが国の金融構造に大きな負の影響を与えてきたのである。**政府による過剰な株価維持やその後の対応は、わが国の歴史をみる限り長期的に歪な株式保有構成をつくるきっかけになってきた**ことを再認識すべきであろう。

ETF勘定の凍結化と「長期成長基金」

われわれは、再度、日本株式の保有・売買構造の脆弱性に着目すべきであろう。強調したいのは、ストックベースの保有比率以上に、フローベースの売買比率では海外投資家の比率が高まっている売買構成を考えるべきという点である。柔軟に投資戦略が変化する海外投資家の動きに対して、わが国の株式市場は翻弄されやすくなっているのである。特に、資産買入についての出口戦略のアナウンスには、相当程度、注意を要する。このようなスタンスに立つと、現在日本銀行が公表している「**出口戦略を検討する時期ではない**」との言葉を繰り返す姿勢もうなずける。とは言え、より良い保有株式の活用方法を検討しなければならないのも事実である。1940年代や1960年代のように保有株式の放出が容易にできるほど、経済環境が急改善することが長期にわたり見通しづらいのであれば、**保有株式の売却という選択肢そのものを凍結するのも1つの選択肢である。**

戦時中であれば、民間部門から買い入れた株式の見返りに、日本銀行券もしくは当座預金が拡大しため、市中に大量の資金が供給されることを通し、物価上昇の要因の1つになったはずである。この資金の回収は、通貨価値の低下を避けるために不可欠だったが、戦時末期には、この規律の箍《たが》が外れてしまい、急激な闇物価の上昇を発生させてしまったのである。一方、現代においては真逆の状態に陥っているのは皮肉なことではある。資金を大量に供給しても、投資需要や資金需要が低いために、物価上昇に至らないループに陥り、悩んでいるのが日本銀行にほかならない。悪い意味で、「風吹けども動ぜず」という状態が、日本経済の実情である。

しかし、戦時中とは異なるこの状態を逆利用する手はないのではないか。つまり、日本銀行が保有するETFそのものを凍結し、市中に放出された資金を回収しないと宣言するのである。それだけではない。頭の体操として、このETF勘定をむやみに放置するのではなく、長期成長資金として活用する道も検討してみてはどうだろうか。簡単に言えば、現在の「金銭の信託（信託財産指数連動型上場投資信託）」という勘定を「**長期成長基金**」勘定という名称に**アカウント・スワップ**するのである。具体的には、日本銀行の勘定において、貸方に「金銭の信託（信託財産指数連動型上場投資信託）」を計上して相殺し、借方「長期成長基金」を計上する。その上で、「**ETFの交換**」を行う。ETFの交換とは、日本銀行が保有するETFを指定参加者である証券会社等に持ち込むことで、現物株式のバスケットとの交換を行うことである。その上で、交換した現物を金銭の信託（投資一任契約）として、指数連動型運用を改めて始めるわけである。この場合、**株式市場の需給に対する影響は中立である**ものの、**コーポレート・ガバナンス強化の流れに沿ったスチュワードシップ活動に深く関与できるようになり、かつ運用管理コストの削減にも貢献するだろう。**ETFの分配金は、おおむね投資先企業の配当金を基にしているため、これまで日本銀行が得てきた分配金は、配当金という形で、長期成長基金が得ることになるわけである。

この基金は、日本銀行が保有する日本株式のETFをそのまま移管して凍結するため、株式の放出を前提としない[13]。さらに新たに法制を整備して、そこから得られる毎期配当金を長期成長にとって不可欠な研究開発資金として活用するのはどうだろうか。今後のETF購入で保有ETFは一定程度増加するであろうが、2020年12月末現在時価ベースで45兆円のETFで6,000億円超の分配金があり、ほぼ同額の配当金を、長期成長に不可欠な研究開発資金等（感染症対策のための長期的研究基盤なども含む）に活用できるため、政策効果は一定程度期待できるのではないか。

さらに保有ETFの株式が凍結されるという決定そのものが、物価下落の歯止めになる可能性さえある。半永久的に、この購入額の資金が日本銀行によって市中から吸収されないことを意味するからである。購入した株式はいずれ売却されて市中から資金が引き揚げられてしまう、もしくは購入した国債も最長でも償還期限には償還されて資金が引き揚げられるという前提で、金融市場は将来を見通している。一方、日本銀行が購入した株式が半永久的に売却されないとすれば、将来の資金引揚げの可能性がなくなり、人々の物価見通しにはたらきかけるだろう。これは、人口減少・低成長時代を前提とした場合、日本銀行の目的である「物価の安定」に貢献することになる（もちろん日本銀行およ

(13) 保有株式をいったん売却するのではなく、現物移管やバスケット取引などを駆使して取引コストを削減するトランジション・マネジメント・サービスに相当する。

び通貨の信認すなわちクレディビリティを維持するための歯止めは必要である）。

この長期成長基金の一部を、「大学基金10兆円」の一部もしくは全部として活用してもよいかもしれない。日本株式の配当金を活用した大学基金の成果が、将来的に日本企業の成長に貢献するようになれば、企業の配当水準が長期的に上昇し、さらに日本株式の配当金も増加する好循環を生むことになる。なお、この場合日本銀行の本来の役割からすれば、使途については「国民経済の健全な発展に資すること」に充てるとして、日本銀行の目的と合致するものとなることを期待して、その範囲で政府が決定するスキームに最終的には落ち着くだろう。

アナウンスメント効果とステルス・テーパリング

このような対応をとるのは、2010年の政策決定時に想定した以上に、ETF残高が積み上がり過ぎ、各種の副作用（スチュワードシップ活動の希薄化・高い運用管理コスト・保有株式の放出の困難性等）が指摘されるようになっているからである。この点についてのソリューション（解決策）を有効に見出さざるを得ない状況にわれわれは立たされている。本来であれば、長期成長基金の設立などは、金融政策ではなく財政およびその他の政策の範疇で対応されるべきである。日本銀行においても、満期償還のある国債保有を拡大する金融政策であれば、時間の経過とともに残高の自然減が見込めるとともに、イールドカーブ・コントロールにより円滑な残高縮小の道も模索できよう。一方で、自由な国際資金移動が確保されている時代に、海外投資家の関与が高い日本株式を円滑に放出する道は、限りなく狭い道であると言わざるを得ない。株式には償還もない。その点では、永久社債を保有しているのと同義である。

とは言え、救いは、固定利付ではなく、業績や物価水準にある程度連動する配当が得られるという特性がある点である。その意味では、「変動利付永久社債バスケット」と捉えて、永久保有を前提に、国民の生活に長期的に貢献する基金へと転換していく。そうすることで、本来の金融政策の領域を超えた新たな法制の整備が必要だが、二進も三進もいかなくなるまでに肥大したETFを、日本経済の反転攻勢の有力な手段に変えていくなどのスキームを検討してもよいのではないか。

もちろん、日本銀行における経常収益に占めるETFの分配金（2019年度6,000億円超）の比率が高まっていることは事実である。日本銀行の会計にとって大きな影響があることは否定できない。そこで、財務的不安定性を切り離すため（保有株式の株価変動に伴う評価損益の上下動）、長期成長基金の抱える株式を永久債と捉えて、原価法（売却を前提としないため時価評価とせず、評価損について引当金計上および強制低価法を適用せず、そして償還がないため償却原価法を適用しない）を採用して、日本銀行の一部資金を凍結するわけである（配当金の一部は研究開発資金等に活用し、日本銀行の経常収益に加えない）。そのため、政府一般会計に収める剰余金は減少するが、その資金が長期的成長戦略に活用される。もちろん、シニョレッジ[14]の観点から、長期成長基金の上限額は、

(14) シニョレッジについて詳しくは、日本銀行金融研究所（2004）参照。通貨の発行額そのものをシニョレッジと捉える考え方と、発行した通貨から得られる収益をシニョレッジと捉える考え方があるが、日本銀行の場合には、損益計算書上の剰余金から準備金の積立額および配当金等を控除した全額を一般会計に納付することになっている。

発行銀行券118・3兆円（2020年12月末現在）を上限としたい[15]。実際には、発行銀行券の50％もしくは75％以内といった制約を設けるなど工夫は必要になってくるだろう[16]。

リスク性資産の配当金（分配金）等を成長資金として活用せずに経常収益とする場合も、ストックベースで、発行銀行券の総額を上回るべきではないだろう。リスク性資産については、評価損益の変動が大きいだけでなく、理論的には分配金がゼロになる（株式であれば配当金がゼロになる）可能性があるからである。仮に分配金がゼロになったとすれば、発行銀行券の調達金利がゼロであっても紙幣等の管理・発行コストがあるため、インカムベースでのシニョレッジがマイナスに陥る可能性がある。また、リスク性資産残高が発行銀行券残高を上回れば、当座預金に対応してリスク性資産を保有することになるだろう。現在の当座預金金利の一部はマイナスだが、経済環境の変化で上昇することも考えられ、その場合にはリスク性資産の配当金等ベースの収益率が逆鞘に陥るため、日本銀行およ

(15) また、すでに積み上げたストックベースのリスク性資産についての課題に加え、フローベースでは、次のように考えることも可能だろう。2013年4月当時のETF等のリスク性資産1兆円買入ペースであれば、発行銀行券年間増加ペース（約2～4兆円）を下回っていたものの、買入ペースの増額によりリスク性資産の買入ペースが上回り、ストックベースで行き過ぎた積上げが現実化している。したがって、フローベースのリスク性資産増加額は、日本銀行に対する信認の観点から、発行銀行券増加額を上限としたいところ。そのため、今後もリスク性資産を購入し続ける場合には、平準化すれば発行銀行券の増加ペースを上回るべきではないだろう。

(16) 須田（2009）が指摘するように「物価安定のもとでの持続的な成長を促していくことこそ、われわれに与えられた使命であり、それを実現させることで初めて中央銀行としての信認、通貨の信認が確保できる」はずである。そのためには、上限額を発行銀行券の一定割合の範囲内に抑えるなどして、通貨に対する信認を維持し、物価上昇に歯止めをかける工夫が必要であろう。短期的な物価下落と長期的な物価上昇リスクを峻別して、将来の禍根を残さない対応をとるべきである。

び通貨のクレディビリティを確保するためにも、上限設定が妥当と言えよう。

ところで、２０２０年12月22日現在の日本銀行の資産総額７１１兆円に占める簿価ベースのＥＴＦ35兆円は、上場株式時価総額の５％未満に過ぎないが、この株式が売却されずに凍結されるという**アナウンスメント効果**は大きいはずだ。現在実施している資産買入の一環としてのＥＴＦ購入の規模についても、上限額を定めるもしくは無制限とするものの平準化したら発行銀行券増加額を上回らないようにするという前提で、毎期の購入額を定めないというのは、激変緩和措置として好ましいのではないか。**ステルス・テーパリング**も活用可能である。ステルス・テーパリングとは、政策変更を明示せずに資産買入規模を段階的に縮小していくことであり、金融市場の変化に応じて柔軟な対応も可能である（一時的な増加も可能）。保有株式の売却がなく、金融情勢が不安定化すれば資産買入規模が増加するというメッセージは、出口戦略の不安と金融市場の不確実性を市場参加者の脳裏から取り除くだろう。一方で、激変緩和措置は、金融システムの安定を目的としたプルーデンス政策（prudence policy）の１つであり、金融政策（monetary policy）とは峻別すべきであることは言うまでもない。この後者が肥大化してしまい、本来は財務省等が行う財政政策の領域に踏み込んでしまったため、かえって「日本銀行の独立性」が蔑ろにされているという問題点は残る。

また、ＥＴＦにおけるステルス・テーパリングも、長期成長基金における運営についても、株式市場におけるインテリジェンス（情報収集）活動が重要になってくる。**長期成長基金の運用は巨額資金の運用になるため、日本株式市場全体の動きを代表する株価指数への連動型運用中心にならざるを得**ないだろうが、（１）議決権行使への関与、（２）指数選択、（３）ビークル選択、（４）アセットマネジャー選択についての専門的な情報収集と戦略構築・執行が求められるからである。

特に、（1）の議決権行使へのアセットオーナーとしての深い関与により、日本の上場企業全体の底上げを図ることが、結果的には「真のリスク・プレミアム」へのはたらきかけになるだろう。この点について、別組織にするか否かはともかく、運営体制を強化すべきである。特に情報発信については、金融市場参加者が大いに注目しているため、市場参加者との対話も必要になってくる。

巨額資金の運用にあっては、市場との対話の円滑化により、アナウンスメント効果の最大化を図っていきたい。現在の日本銀行は、ともすると短期金融市場および為替市場参加者や国債市場参加者に限られたコミュニケーションに陥りがちであり、株式市場参加者との対話に欠けるように思えてならない。歴史的に、日本銀行にとって株式市場は副次的なものであったという経緯もあるが、現段階では最大の日本株投資家になっているため、専門組織をつくって株式市場参加者とのコミュニケーション深化に努めるべきだろう。このような議論の末に次のような印象を受けるのは筆者だけではないだろう。

政府からの独立性と介入強化、すなわち「振り子」の視点は、中央銀行に対しても当てはめることができるのではないか、と。ライト・スウィングの極に近づく1942年2月に公布された旧日本銀行法では、「国家経済総力ノ適切ナル発揮ヲ図ル為国家ノ政策ニ即シ」とされ、一方、レフト・スウィングの過程の1997年6月に改正された日本銀行法では、その独立性が確保されるに至った。政府と中央銀行の財務を一体とみなす「統合政府」が議論されたり財政政策と金融政策の境目が曖昧になりつつある現在はライト・スウィングに位置づけられ、政府に対する日本銀行の「隷従への道」

を進む過程と言える。だが、歴史を播けば、「振り子」の振れ過ぎは、常に社会的混乱を惹起させてきたことも事実である。この教訓を生かすか否かは、われわれの「謙虚さと大胆さのバランス」に委ねられていると言えまいか。

おわりに

20世紀以降の政治経済を眺望するならば、自由化と規制化の振幅が数十年単位で振り子のように行ったり来たりする歴史であったと総括できよう。この振り子に沿って、現在の状況をみるならば、規制化というライト・スウィングの時代にあるというのが本書執筆の根底にある考え方である。この時代には、国家間の対立が強まり、経済的にも大きな壁が立ちはだかる窮屈な時代であるとともに、金融市場は不安定化する。そのため政府は、不安定な金融市場を安定化させるために、市場介入を強化するのである。現在の世界中の中央銀行が金融市場に介入しているさまは、この見方を裏づけるものであると言えよう。就中《なかんずく》、日本銀行は、株式ＥＴＦを購入するという点で、他の中央銀行の一歩先を行く（?）大胆な政策を実施しているが、その規模が膨らみ過ぎてしまって、副作用が指摘されるようになってきた。

そこで、どうしたものかと、日本金融史を繙いてみると、実は、政府や株価維持機関が株式市場に介入したのは今回が初めてではないことが確認された。戦時の１９４０年代や１９６０年代の事例の存在からすれば、今回が３回目である（バブル崩壊後の郵便貯金・簡易保険の株式組入比率制限撤廃や銀行等保有株式取得機構などによる銀行保有株の取得を除く）。一方、過去２回の事例は中央銀行である日本銀行が自ら介入したのではなく、専門家である市場参加者たちが寄り添って株価維持機関を設立し、さらにそこに資金供給する役割、すなわち黒子として日本銀行が存在しており、現在の状況とは異なっている。また、自由な国際資金移動が制限されており、さらに人口増加に支えられた経済成長率が高い時代であった点でも、現在とは異なる。現在は国際資金移動の自由が確保される中で、日本株式市場への海外投資家の関与が大きく、さらに、人口減少社会の中で経済成長率も低位を維持しており、今後の上昇が期待できる環境にはない。歴史の事例と現在はかなり異なっているわけである。一方で、株式市場への政府介入強化の際には、株式保有構成が大きな転換期を迎えていたという点は気にかかる。現在のコーポレート・ガバナンス改革強化の流れをみるに、この転換をより良いものにしていくか否かは、日本銀行の保有ＥＴＦの処理いかんにかかっているからである。

以上のような整理をした上で本書では、膨らみ過ぎてしまった日本銀行所有のＥＴＦに対して単に批判を加えるのではなく、現状を受け止めた上で、将来のためにどのように活用したらよいのかについての提案を試みた。現物株配当金の一部を研究開発資金等に活用するという部分を除けば、現行の日本銀行運営の延長線上にあり、短期間での対応が可能と言えよう。以上の提案を要約すると次のようになる。

- 保有する株式ＥＴＦ（45兆円超）を凍結し売却しない
- 保有ＥＴＦを「長期成長基金」へアカウント・スワップする
- 「長期成長基金」の規模は、発行銀行券の一定割合を上限とする

●「長期成長基金」では、「ETFの交換」により現物株バスケット化する
●その株式ポートフォリオは「金銭の信託（投資一任契約）」による指数連動型運用とし、運用管理コスト削減を図る
●「議決権行使の方針」を明確に打ち出し、スチュワードシップ活動の深化に寄与する
●現物株配当金（6、000億円超）の一部を研究開発資金等（大学基金など）に活用する

いずれも従来の出口戦略で予想されていない内容だが、現在、日本銀行が保有するETFについての課題が含まれたものであり、今後の議論の一助になれば、筆者の望外の喜びである。「長期成長基金」構想は極端かもしれないが、①ETFの交換、②金銭の信託（投資一任契約）による指数連動型運用に移管、③議決権行使の方針の提示については、十分に実現可能であると考える次第である。

なお、本書執筆にあたっては、特に伊井哲朗、中北徹、山下哲生の諸氏から有意義なご意見をいただいた。また、浅野建、岩村充、鵜飼博史、加藤出、菊池修、菊池勝也、神津多可思、佐藤賀一、渋澤健、鈴木琢也、中川喜久、野田顕彦、原田喜美枝、平松謙一、山口勝業、山中拓也、湯山智教の各氏からのご教示等によるところが大きく、巻末にあたり感謝申し上げたい。当然ながら本書の至らぬところは、諸氏とは関係なく、著者の浅学によるところである。また、本書は、2020年12月15日に企画案を挙げて、年末年始の約3週間での執筆となった。わずかな期間で本書を上梓できたのは、中央経済社の土生健人氏の適切な判断とご配慮によるものです。誠にありがとうございました。ここに深き感謝の意を表したい。

結びにあたり、次のことを記して本書を終えることにする。
日本銀行のＥＴＦ出口戦略は、短期決戦ではなく、国家の長期成長戦とすべきである。そのためには、大胆さだけではなく、金融市場の声を真摯に聴くという、謙虚さが求められるのは言うまでもない。われわれは、行動だけでなく、学ぶことも必要なのだから…。

平山　賢一

２０２１年１月

研究所。

Boulding, K. E.（1970）*A primer on social dynamics: history as dialectics and development*, Free Press.（横田洋三訳『歴史はいかに書かれるべきか』講談社、1979年）

Cowen, T.（2011）*The great stagnation: How America ate all the low-hanging fruit of modern history, got sick, and will (eventually) feel better: A Penguin eSpecial from Dutton*. Penguin.（池村千秋訳・若田部昌澄解説『大停滞』NTT出版、2011年）

Harada, K. and T. Okimoto（2019）*The BOJ's ETF Purchases and Its Effects on Nikkei 225 Stocks, RIETI Discussion Paper*, 19-E-014.

Maddison Project Database, version 2018. Bolt, J., R. Inklaar, H. de Jong and J. L. van Zanden（2018）Rebasing 'Maddison' : new income comparisons and the shape of long-run economic development" Maddison Project Working Paper, nr. 10, available for download at https://www.rug.nl/ggdchistorical development/maddison/research

OECD（2019）*OECD Economic Surveys: Japan*.（「対日経済審査報告書」2019年４月）

Shiller, R. J.（2015）*Irrational exuberance: Revised and expanded, third edition*. Princeton university press.

The U.S. Strategic Bombing Survey（1946）*The Effects of Strategic Bombing on Japan's War Economy*. Pacific War Report No.53, U. S. Government Printing Office.（正木千冬訳『日本戦争経済の崩壊：戦略爆撃の日本戦争経済に及ぼせる諸効果』日本評論社、1950年）

須田美矢子（2009）「日本経済の現状・先行きと金融政策」2009年３月４日（京都府金融経済懇談会における挨拶要旨）。

東京証券取引所（1970）『東京証券取引所20年史：規則・統計』。

東京証券取引所（1974）『東京証券取引所20年史』。

東洋経済新報（1945）「非常事態下の證券市場」『東洋経済新報』昭和20年３月31日号、５～７頁。

日本銀行金融研究所（2004）「「中央銀行と通貨発行を巡る法制度についての研究会」報告書」（塩野宏座長等）『金融研究』2004年８月、第23巻特集号。

日本銀行統計局編（1966）『明治以降本邦主要経済統計』。

日本銀行百年史編纂委員会編（1983）『日本銀行百年史』第２巻。

原田喜美枝（2019）「ETF買入政策と運用業界への影響」『証券レビュー』第59巻第９号、31～42頁。

原田喜美枝（2020）「FRBと日銀のETF購入」『証券レビュー』第60巻第８号、81～92頁。

平山賢一（2019）『戦前・戦時期の金融市場：1940年代化する国債・株式マーケット』日本経済新聞出版社。

平山賢一（2020a）「戦時末期の株式投資成果」『証券経済研究』第109号、63～85頁。

平山賢一（2020b）「終戦前後に市場の断絶はあったのか：戦後の市場構造転換と投資成果」伊藤修・植林茂・鵜飼博史・長田健編『日本金融の誤解と誤算：通説を疑い検証する』勁草書房。

平山賢一（2020c）「オルタナティブアセット投資の主流化とオルタナティブデータの台頭」東京海上アセットマネジメント株式会社監修・平山賢一編『オルタナティブ投資の実践：「資産」選択と「データ」活用の新潮流』中央経済社。

堀栄三（1996）『大本営参謀の情報戦記：情報なき国家の悲劇』文藝春秋。

宮島英昭・保田隆明（2015）「株式所有構造と企業統治：機関投資家の増加は企業パフォーマンスを改善したのか」『フィナンシャル・レビュー』通巻第121号、３～36頁。

山口勝業（2016）「株式リスクプレミアムの時系列変動の推計：日米市場での62年間の実証分析」『証券経済研究』第93号、103～111頁。

湯山智教編（2020）『ESG投資とパフォーマンス：SDGs・持続可能な社会に向けた投資はどうあるべきか』金融財政事情研究会。

吉田亮平（2019）「日銀ETF購入限界論の誤解。JPX400でガバナンス懸念がガバナンス強化へ」『RIETIコラム』2019年４月23日、独立行政法人経済産業

【参考文献】

阿部康二ほか編・有沢広巳監修（1978）『証券百年史』日本経済新聞社。

岩村充（2018）『金融政策に未来はあるか』岩波新書。

大蔵省財政史室編（1979）『昭和財政史：終戦から講和まで』第14巻「保険・証券」東洋経済新報社。

大阪証券業協会編（1951）『証券十年史：1940-1950』。

小池良司（2020）「1940年代の家計消費の補間」『経済研究』第71巻第4号、289～316頁。

小林和子（2002）「株式取得機構について」『証券レビュー』第42巻第4号、44～58頁。

小林和子（2012）『日本証券史論：戦前期市場制度の形成と発展』日本経済評論社。

川合一郎編（1966）『日本証券市場の構造分析』有斐閣。

経済企画庁経済研究所（1963）『金融資産負債残高表（1930－45年）』。

財務省『法人企業統計調査』。

佐伯啓思（2020）『経済学の思考法：稀少性の経済から過剰性の経済へ』講談社。

佐藤賀一（2020）「日本銀行によるETF購入政策は成功したと言えるのか：出口戦略への道筋から考える」伊藤修・植林茂・鵜飼博史・長田健編『日本金融の誤解と誤算：通説を疑い検証する』勁草書房。

左三川郁子・中野雅貴（2020a）「日銀保有分を除く「市中流通残高」に応じた買入れに：市場価格の第一歩に」『2020年度金融研究リポート①』公益社団法人日本経済研究センター。

左三川郁子・中野雅貴（2020b）「日経平均が2万600円を下回ると日本銀行のETFに含み損：通貨発行益の源泉は国債利息から分配金収入にシフト」『2020年度金融研究リポート②』公益社団法人日本経済研究センター。

柴田善雅（2011）『戦時日本の金融統制：資金市場と会社経理』日本経済評論社。

証券経済学会・公益財団法人日本証券経済研究所編（2017）『証券事典』金融財政事情研究会。

証券処理調整協議会（2004）『証券処理調整協議会資料』東京大学経済学部図書館所蔵 協議会資料編、雄松堂書店。

証券処理調整協議会（2007）『証券処理調整協議会資料』東京大学経済学部図書館所蔵 企業別資料編、雄松堂書店。

白川方明（2018）『中央銀行：セントラルバンカーの経験した39年』東洋経済新報社。

【著者紹介】

平山賢一（ひらやま　けんいち）

東京海上アセットマネジメント株式会社　執行役員運用本部長。

1989年横浜市立大学商学部卒業、94年青山学院大学大学院国際政治経済学研究科修士課程修了、2018年埼玉大学大学院人文社会科学研究科博士後期課程修了、博士（経済学）。

1989年大和証券投資信託委託入社、97年東京海上火災保険入社を経て、現職。30年超にわたりチーフストラテジスト、チーフファンドマネジャーとして、内外株式や債券等の投資戦略を策定・運用する。

著書等に、『金利史観』（ISコム、2001年)、『振り子の金融史観』（シグマベイスキャピタル、2008年)、『戦前・戦時期の金融市場』（日本経済新聞出版社、2019年、令和２年度証券経済学会賞)、『オルタナティブ投資の実践』（編著、中央経済社、2020年）などがある。

日銀ETF問題

《最大株主化》の実態とその出口戦略

2021年３月30日　第１版第１刷発行

著　者　平　山　賢　一

発行者　山　本　　　継

発行所　㈱中央経済社

発売元　㈱中央経済グループパブリッシング

〒101-0051　東京都千代田区神田神保町1-31-2

電　話　03（3293）3371（編集代表）

03（3293）3381（営業代表）

https://www.chuokeizai.co.jp

製版／三英グラフィック・アーツ㈱

印刷／三　英　印　刷　㈱

製本／誠　製　本　㈱

ISBN978-4-502-38481-3　C3034